汉画全集

——山东卷（济宁）

山东博物馆　编著

文物出版社

图书在版编目（CIP）数据

汉画全集. 山东卷. 济宁 / 山东博物馆编著. 北京：文物出版社, 2024. 10. -- ISBN 978-7-5010-8550-7

Ⅰ. K879.424

中国国家版本馆CIP数据核字第2024YA5740号

汉画全集——山东卷（济宁）

编　　著：山东博物馆

封面设计：刘雅馨
责任编辑：刘雅馨　秦　彧
责任印制：王　芳

出版发行：文物出版社
社　　址：北京市东城区东直门内北小街2号楼
邮　　编：100007
网　　址：http: //www.wenwu.com
邮　　箱：wenwu1957@126.com
经　　销：新华书店
印　　刷：北京荣宝艺品印刷有限公司
开　　本：965mm × 1270mm　1/16
印　　张：7
版　　次：2024年10月第1版
印　　次：2024年10月第1次印刷
书　　号：ISBN 978-7-5010-8550-7
定　　价：180.00元

目　录

前　言 …… 1

一　山东博物馆 …… 3
1. 燕居、车马出行、致仕画像石 …… 3
2. 东王公、乐舞、庖厨、车马出行画像石 …… 4
3. 西王母、周公辅成王、骊姬故事、车马出行画像石 …… 5
4. 狩猎画像石 …… 6
5. 西王母、历史故事画像石 …… 8
6. 燕居、致仕、车马出行画像石 …… 9
7. 庖厨画像石 …… 10
8. 西王母画像石 …… 11
9. 祥瑞画像石 …… 13
10. 燕居、车马出行画像石 …… 14
11. 东王公、孔子见老子画像石 …… 15
12. 仙人宴饮画像石 …… 16
13. 东王公、历史故事画像石 …… 18
14. 楼阁人物、车马出行画像石 …… 19
15. 东王公、庖厨、车骑画像石 …… 21
16. 交龙画像石 …… 22
17. 孔子见老子、骊姬故事、致仕画像石 …… 23
18. 胡汉交兵画像石 …… 25
19. 胡汉交兵画像石 …… 26
20. 风伯、胡汉交兵画像石 …… 27
21. 泗水捞鼎、孔子见老子、周公辅成王画像石 …… 28
22. 建鼓、乐舞、庖厨画像石 …… 29
23. 楼阁人物画像石 …… 30
24. 泗水捞鼎、周公辅成王、孔子见老子画像石 …… 31
25. 泗水捞鼎、周公辅成王画像石 …… 32
26. 楼阁人物画像石 …… 33
27. 伎乐杂技画像石 …… 34
28. 车马出行画像石 …… 35
29. 泗水捞鼎、戏蛇画像石 …… 36
30. 燕居、车马出行画像石 …… 37
31. 车马出行画像石 …… 38
32. 孔子见老子画像石 …… 39
33. 孔子见老子画像石 …… 40

二　嘉祥县武氏祠博物馆 …… 41
34. 九头人面兽、周公辅成王、武库画像石 …… 41
35. 高禖、孔子见老子、泗水捞鼎画像石 …… 42
36. 西王母、仙人出行、贞夫故事、车马出行、狩猎画像石 …… 43
37. 乐舞、建鼓、庖厨画像石 …… 44
38. 车马出行、狩猎画像石 …… 45
39. 西王母、车马出行、狩猎画像石 …… 46
40. 西王母、周公辅成王、贞夫、车马出行画像石 …… 47
41. 东王公、奏乐、庖厨、车马出行画像石 …… 48
42. 建鼓、乐舞、庖厨画像石 …… 49
43. 人物、乐舞画像石 …… 50
44. 人物、狩猎画像石 …… 51

三　济宁市博物馆………………………………………………………… 52
45. 孔子见老子画像石 ………………………………………………… 52
46. 祥瑞画像石 ………………………………………………………… 53
47. 祥瑞画像石 ………………………………………………………… 54
48. 祥瑞画像石 ………………………………………………………… 57
49. 祥瑞画像石 ………………………………………………………… 59
50. 祥瑞画像石 ………………………………………………………… 60
51. 祥瑞画像石 ………………………………………………………… 61
52. 祥瑞、人物侍立画像石 …………………………………………… 62
53. 祥瑞、门吏画像石 ………………………………………………… 63
54. 祥瑞、门吏画像石 ………………………………………………… 64
55. 乐舞、祥瑞画像石 ………………………………………………… 65
56. 墓主生活、祥瑞、车骑出行画像石 ……………………………… 66
57. 孔子见老子、车马出行画像石 …………………………………… 68
58. 儒生、车马出行画像石 …………………………………………… 69

四　东平博物馆…………………………………………………………… 70
59. “居摄二年”画像石 ……………………………………………… 70
60. 墓主燕居、车马出行画像石 ……………………………………… 71
61. 乐舞百戏、出行画像石 …………………………………………… 72
62. 祥瑞画像石 ………………………………………………………… 73
63. 墓主燕居、车马出行画像石 ……………………………………… 74

五　汶上县中都博物馆…………………………………………………… 75
64. 建鼓乐舞画像石 …………………………………………………… 75
65. 西王母、车马出行、狩猎画像石 ………………………………… 76
66. 武士击剑画像石 …………………………………………………… 77
67. 历史人物故事画像石 ……………………………………………… 78
68. 乐舞庖厨画像石 …………………………………………………… 79
69. 操蛇之神画像石 …………………………………………………… 80
70. 西王母、车马出行、狩猎画像石 ………………………………… 81
71. 祥瑞、车马出行画像石 …………………………………………… 82
72. 东王公、乐舞庖厨画像石 ………………………………………… 83
73. 风伯、周公辅成王、胡汉战争画像石 …………………………… 84

六　梁山县博物馆………………………………………………………… 85
74. 西王母、东王公画像石 …………………………………………… 85
75. 乐舞、庖厨画像石 ………………………………………………… 86
76. 翼龙、铺首衔环画像石 …………………………………………… 87
77. 门吏画像石 ………………………………………………………… 89
78. 门吏画像石 ………………………………………………………… 89
79. 祥瑞、门吏、铺首衔环画像石 …………………………………… 90
80. 祥瑞、门吏、铺首衔环画像石 …………………………………… 91
81. 孔子见老子画像石 ………………………………………………… 92
82. 乐舞画像石柱 ……………………………………………………… 93
83. 周公辅成王画像石 ………………………………………………… 94
84. 宴饮、庖厨画像石 ………………………………………………… 97

七　巨野县博物馆………………………………………………………… 98
85. 车马出行画像石 …………………………………………………… 98
86. 祥瑞画像石 ………………………………………………………… 99
87. 吉祥画像石 ………………………………………………………… 100
88. 吉祥画像石 ………………………………………………………… 101
89. 铺首衔环画像石 …………………………………………………… 102
90. 铺首画像石 ………………………………………………………… 102
91. 铺首衔环画像石 …………………………………………………… 103
92. 石虎画像石座 ……………………………………………………… 104
93. 交龙穿璧画像石 …………………………………………………… 105

后　记……………………………………………………………………… 106

前　言

距离蒋英炬、吴文祺、关天相出版第一本系统搜集整理山东汉画像石的书籍《山东汉画像石选集》已经过去43年了。这些年来，汉画像石的新发现层出不穷，研究成果不断涌现，尤其是山东各地陆续出版了汉画像石系列图录，极大地方便了研究者和汉画爱好者查阅和鉴赏。此外，现代出版技术的进步和更多图像表现方法的运用，为提供更好更优质的原始资料提供了可能。有鉴于此，山东博物馆作为《山东汉画像石选集》的编辑单位，组织编写新的画像石选集义不容辞，遂在2023年成立编写组，主要是考古研究部于秋伟、管东华、王玙、王灿以及信息部阮浩、刘晨祥共同开展了此项工作。

山东汉画像石藏品按照收藏主体主要分为山东博物馆藏品、各地文博单位藏品、遗址博物馆藏品和其他民间散石。遗址博物馆多为整体建筑，也有专门的报告，因此书中不再收录。散石多在民间，真伪杂糅，这次也暂不收录。因此，这本选集以山东各级文博单位藏品为主，主要是东汉画像石，不包括石椁画像（石椁画像参考山东博物馆编著《山东馆藏汉代石椁调查与研究》）。

近年来，山东博物馆入藏的藏品中，最重要的是2021年3月山东省石刻艺术博物馆并入山东博物馆后的藏品。馆藏石刻包括朱鲔祠堂、嘉祥宋山祠堂等大批精品，其他还包括东平汉墓壁画和长清大街汉墓、梁山薛垓汉墓等考古新发现出土文物。沂南、滕州等地的文博单位也发现和入藏了一大批珍贵的汉画像石，包括近年来考古新发现的画像石均收入本书。

汉画像石研究经过千年传承，学科建设逐渐成熟，尤其在画像内容、社会研究、画像石分区、传播路线、艺术风格等方面取得了新进展。画像内容上，确定了更多的历史故事题材，达成了许多共识。在社会研究方面，在滕州染山发现列侯级别的汉画像石墓，应为目前发现汉画像石墓中等级最高的。画像石分区方面，在之前的四大分区基础上提出了五大分区，分别为京畿区、鲁南苏北皖北豫东区、豫南鄂西北区、川渝滇黔区、陕北晋西北蒙南区。在北京、浙江、福建等地区也有零星发现。传播路线方面，汉画像石均为鲁南苏北皖北豫东区起源，向西南经过南阳、襄阳到达川渝，向西北传播到陕北晋西北地区，向西传播到京畿地区。艺术风格以嘉祥风格中的凸面线刻为主，兼有阴线刻以及滕州风格中的浅浮雕和临沂风格中的高浮雕等。

本书采取原石和拓片对照的形式，以最大限度地保留画像石的本来面目，为研究者提供最可靠的原始资料。在收录范围上，应收尽收，以最大广度地反映山东汉画像石的全貌。

在分卷上，编写组根据最新研究成果，将山东汉画像石分为四卷，分别为济宁卷、枣庄卷、临沂卷和其他地区卷。济宁卷对应嘉祥风格画像石分布区，枣庄卷对应滕州风格画像石分布区，临沂卷对应临沂风格画像石分布区，其他地区卷则是受到三种风格影响的画像石分布区。由于作者水平有限，在分卷、画像解读和命名上还存在一些舛误，恳请专家学者们批评指正！另外，特此说明，本书中画像石解读内容的左、右方向是以其本身为基准，而非观者角度。

济宁卷共收录画像石93种，照片和拓片173幅，全面展示了济宁地区各博物馆以及山东博物馆馆藏汉画像石精品，是对济宁地区画像石材料的一次全面调查、整理与考证。济宁作为嘉祥风格区的中心分布区，其风格影响力以嘉祥为中心，向周围传播、影响。汶上、兖州、梁山、金乡、巨野为中心分布区，邹城、曲阜为风格区的交汇处，三大风格均有发现，嘉祥风格还影响到鲁西南和豫东等广大地区。汉画像石艺术风格研究刚刚起步，在山东范围内，可分为嘉祥、滕州、临沂三大风格区，实际上在各风格区中，又可以划分为不同的小风格区，期待广大汉画研究者共同努力，使这个研究工作不断深入。

在各地汉画像石研究中，鲁南苏北皖北豫东区走在了全国的前列。2024年，山东博物馆最新成立的山东石刻研究中心致力于整理和出版、发表本地汉画像石重要资料，陆续出版《沂南北寨汉墓画像》《费县刘家疃汉画像石墓》《山东馆藏汉代石椁调查与研究》《嘉祥武梁祠》《孝堂山石祠》《朱鲔石室》《中国画像石全集·山东汉画像石》等一系列著作。山东各地文物部门也陆续出版了馆藏汉画像石图录，共同促进了汉画像石的研究和学科发展。

未来，山东石刻研究中心将打造科研平台，团结所有热爱汉画像石的研究者和爱好者，以山东汉画像石为中心，开展资料收集、图像解读、艺术风格研究、宣传教育、文创开发等主题工作，为传统文化的继承和发扬贡献力量。

一 山东博物馆

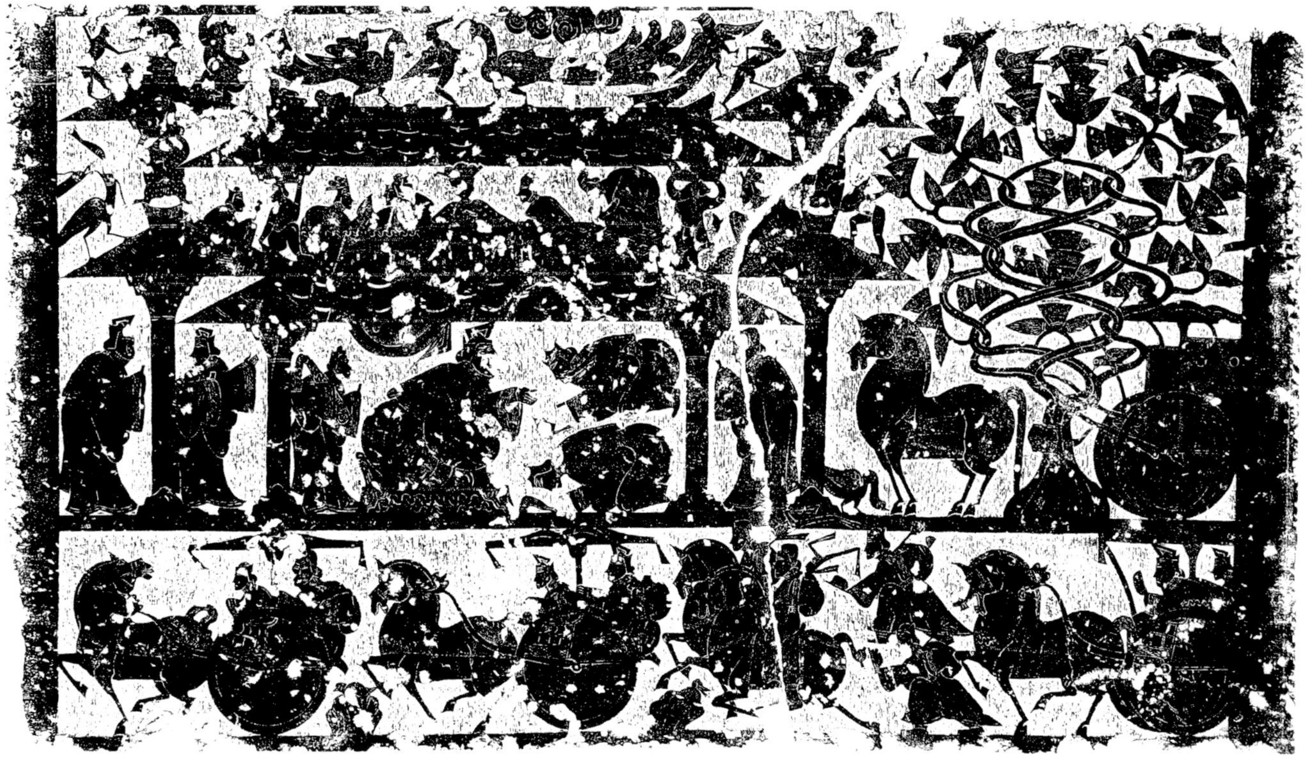

1. 燕居、车马出行、致仕画像石

东汉

高 75、宽 147、厚 22 厘米

嘉祥宋山出土

山东博物馆藏

凿纹地凸面线刻。祠堂后壁。图像分两栏。上栏燕居，楼上女主人正面端坐，左右有女侍；楼下男主人坐在矮榻上，二人跪拜，身后一人执棒侍奉；楼外有人执木刺恭立。外侧是重檐双阙，楼顶脊上饰仙人饲凤。左侧致仕图，树上有鸟，树下停马车。下栏，车马出行。三轺车、二导骑、二武伯右行。

2. 东王公、乐舞、庖厨、车马出行画像石

东汉

高 73、宽 68、厚 22 厘米

嘉祥宋山出土

山东博物馆藏

凿纹地凸面线刻。祠堂东壁。画面四周有边栏。图像分四栏。第一栏，东王公正面端坐，左右有羽人侍奉，另有人首鸟身和鸟首人身的神怪。第二栏，乐舞。右端一女子击节，一女子抚琴，一男子赏乐；左端一男子踏鼓而舞，左右各有一人伴舞。第三栏，庖厨。右端一人烧灶，上方挂猪腿、猪头、兔、鸡、鱼等肉食；画面中间一人左手持刀、右手握鱼，回头与身后的持刀者对话，其下一女子和面；左端一女子汲水，一男子剥狗。第四栏，车马出行。

3. 西王母、周公辅成王、骊姬故事、车马出行画像石

东汉

高 76、宽 68、厚 33 厘米

嘉祥宋山出土

山东博物馆藏

凿纹地凸面线刻。祠堂西壁。画面四周有边栏。图像分四栏。第一栏，西王母正面端坐，左右有羽人侍奉，右端有玉兔和蟾蜍相对捣药。第二栏，周公辅成王故事。成王正面站立在榻上，周公举伞盖，左一人跪拜，身后各有二人执木刺恭立。第三栏，骊姬杀申生故事。申生执勺跪地，面前一犬死于地，左三人分别是晋献公、奚齐、骊姬。第四栏，车马出行。右端一人持盾恭迎，二导骑和一轺车右行。

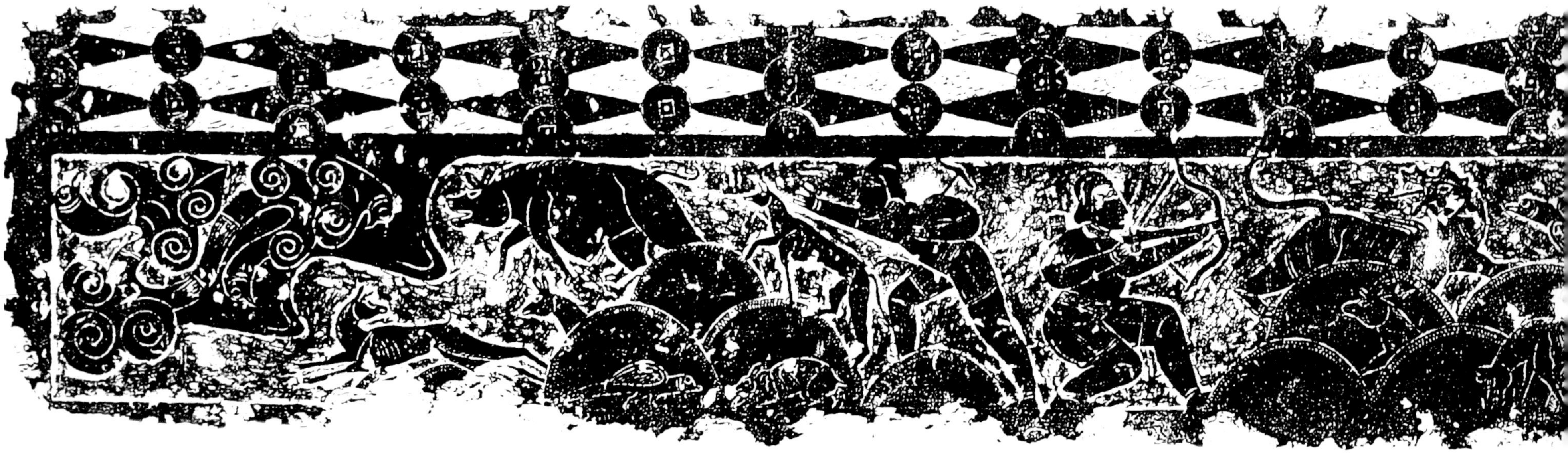

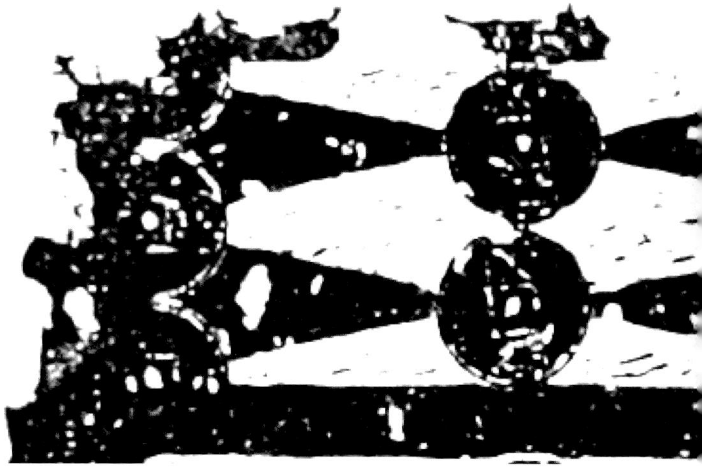

4. 狩猎画像石

东汉

高 27、宽 187、厚 42 厘米

嘉祥宋山出土

山东博物馆藏

铲地平面线刻。祠堂基座石。图像上层饰菱格穿五铢钱。下层为狩猎图，猎人或骑马执竿，或牵犬，或执弓在山岭间捕猎猪、鹿等。

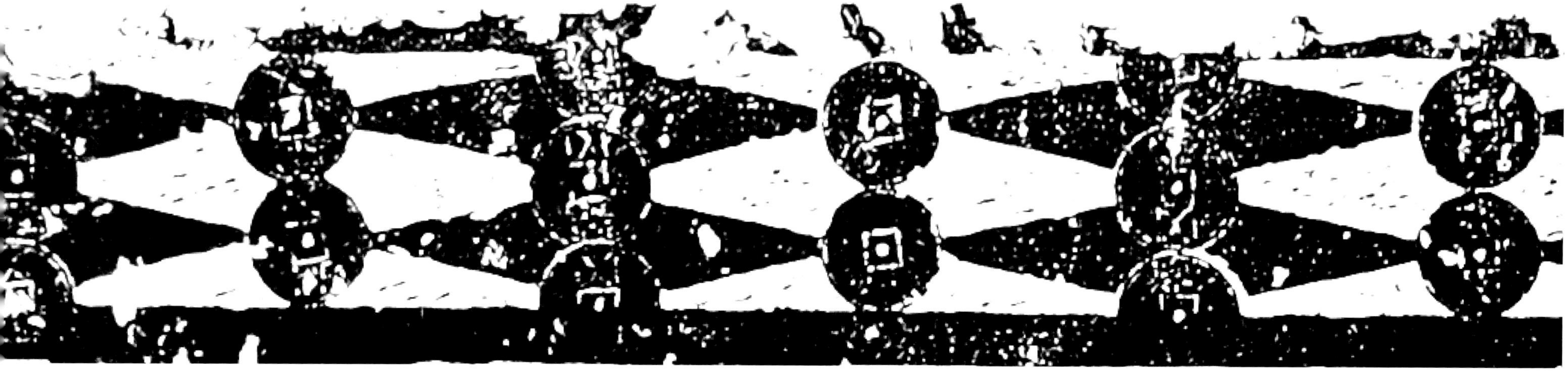

一 山东博物馆

5. 西王母、历史故事画像石

东汉

高 72、宽 68、厚 33 厘米

嘉祥宋山出土

山东博物馆藏

凿纹地凸面线刻。祠堂西壁石。图像分四栏。第一栏为西王母，第二栏为贞夫故事，第三栏为管仲射小白故事，第四栏为车马出行图。

6. 燕居、致仕、车马出行画像石

东汉

高 72、宽 119、厚 16 厘米

嘉祥宋山出土

山东博物馆藏

凿纹地凸面线刻。祠堂后壁石。图像分两栏。上栏画面中，楼上女主人端坐，楼下男主人侧面坐，二人跪拜；左侧为致仕图。下栏为车马出行。

7. 庖厨画像石

东汉

高 74、宽 68、厚 31 厘米

嘉祥宋山出土

山东博物馆藏

凿纹地凸面线刻。祠堂东壁石。第一栏为东王公。第二栏为孔子见老子。第三栏是庖厨画面，自右往左刻一人烧灶，二人和面，二人汲水；墙上挂满猪头、猪腿、兔、鱼。第四栏为车马出行。

8. 西王母画像石

东汉

高 68、宽 65、厚 20 厘米

嘉祥宋山出土

山东博物馆藏

凿纹地凸面线刻。祠堂西壁石。画面上栏西王母端坐正中，身旁有羽人持瑞草侍奉、玉兔捣药、鸡首羽人捧浆、蟾蜍捧盒等。第二栏为贞夫故事。第三栏为车马出行。

9. 祥瑞画像石

东汉
高 26.5、宽 187、厚 42 厘米
嘉祥宋山出土
山东博物馆藏

凸面线刻。祠堂基座石。图像上层饰菱格穿五铢钱。下层中部雕刻羊头，其两侧有羽人、翼龙、双人头兽等神怪；左右两端线刻兽面纹。

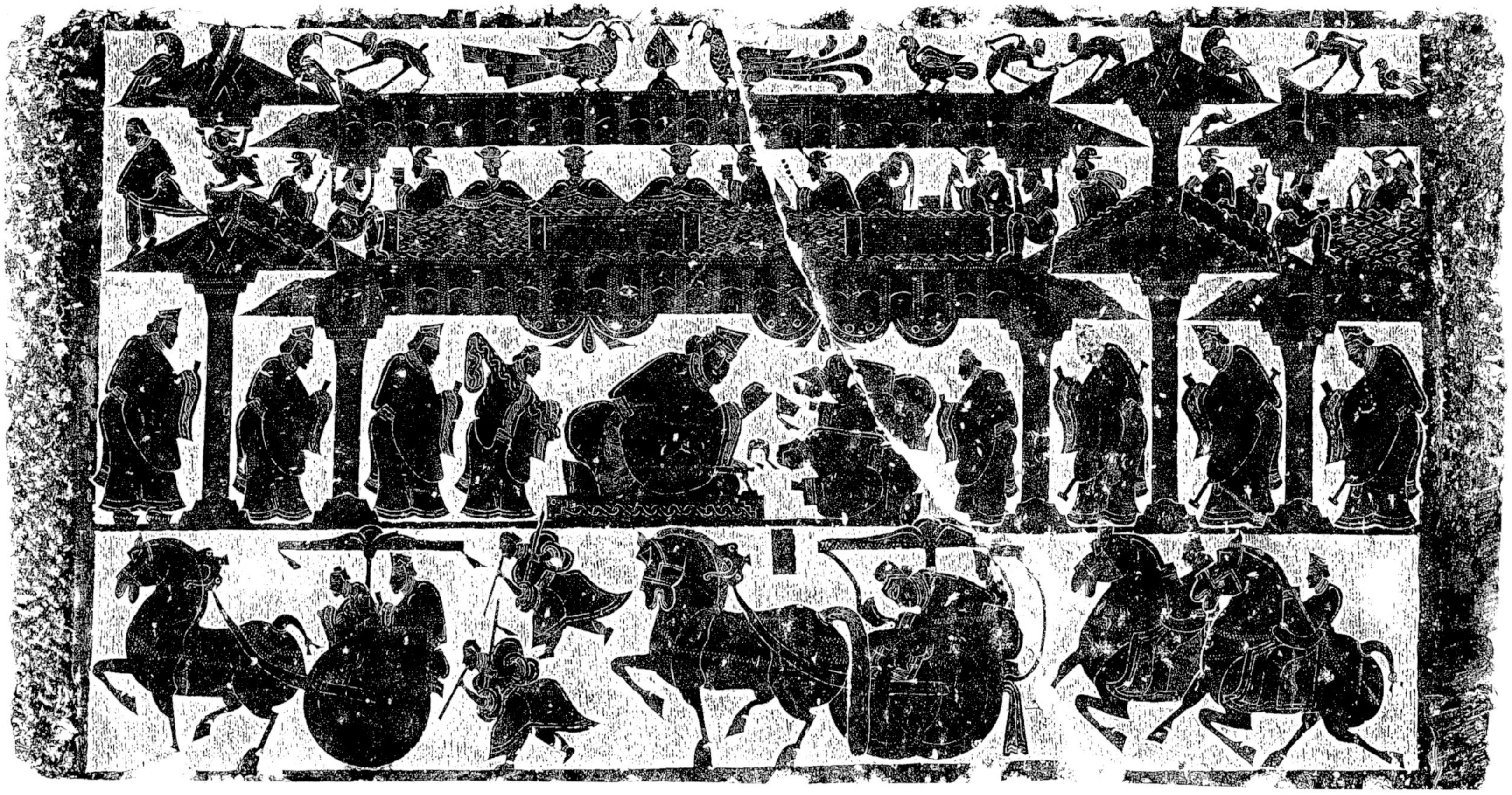

10. 燕居、车马出行画像石

东汉

高 70、宽 141、厚 16 厘米

嘉祥宋山出土

山东博物馆藏

凿纹地凸面线刻。祠堂后壁。图像分两栏。上栏燕居，上层女主人正面端坐，左右有侍者；下层男主人手执便面凭几坐在矮榻上，身后一人执棒，三人执木刺恭立，面前二人跪拜，跪拜者身后四人执木刺恭立，楼房和双阙的顶脊上饰凤鸟和猿猴。下栏，车马出行。二轺车、二武伯、二从骑右行。

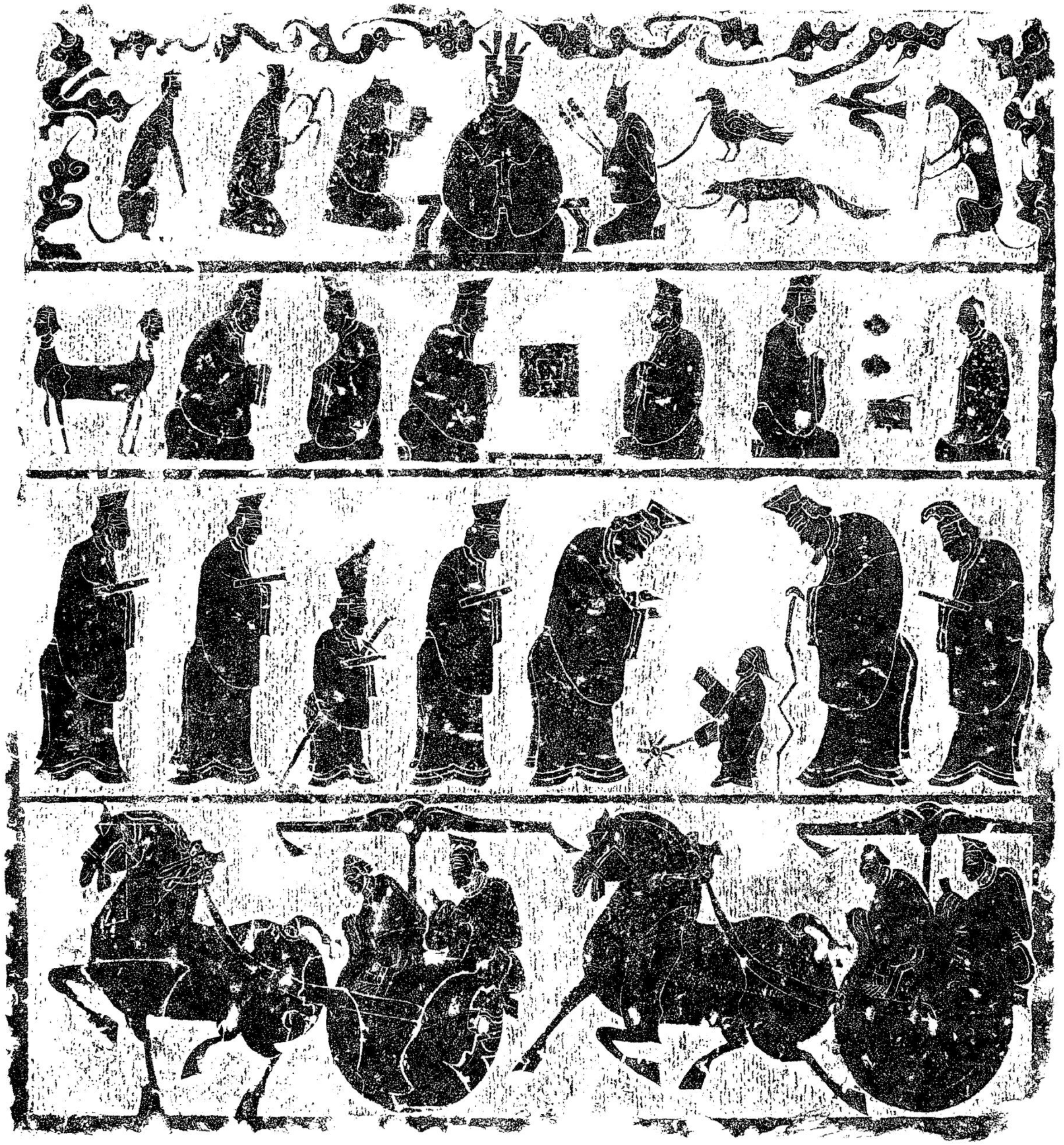

11. 东王公、孔子见老子画像石

东汉

高 69、宽 65、厚 27 厘米

嘉祥宋山出土

山东博物馆藏

凿纹地凸面线刻。祠堂东壁石。画面分四栏。上栏东王公居中凭几端坐，两侧马首神人捧杯，戴冠神人持瑞草，犬首神人侍立。第二栏，六人两两相对，或交谈，或六博，或对饮。第三栏孔子见老子。第四栏，车马出行。

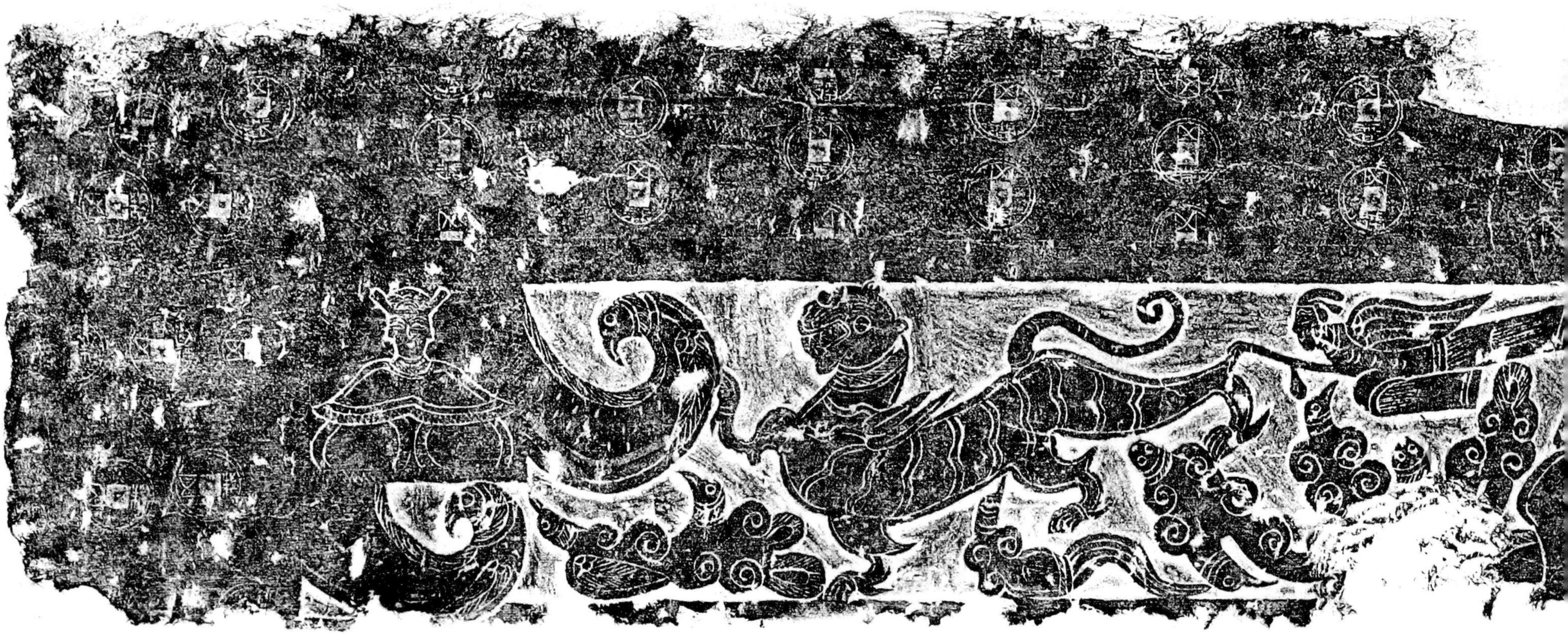

12. 仙人宴饮画像石

东汉

高 26、宽 134、厚 36 厘米

嘉祥宋山出土

山东博物馆藏

铲地凸面线刻。祠堂基座石。图像上层及右侧饰菱格穿五铢。下层为二人相对六博，旁置酒樽，右侧观者二人，左侧观者三人。右端饰羽人、翼虎、凤鸟、仙人，左端饰飞鸟填白。

13. 东王公、历史故事画像石

东汉

高 68、宽 62、厚 26 厘米

嘉祥宋山出土

山东博物馆藏

凿纹地凸面线刻。祠堂西壁石。图像分四栏。第一栏为东王公，第二栏为季札挂剑故事，第三栏为二桃杀三士故事，第四栏为车马出行。

14. 楼阁人物、车马出行画像石

东汉

高 71、宽 120、厚 20 厘米

嘉祥宋山出土

山东博物馆藏

凿纹地凸面线刻。祠堂后壁石。图像分两栏。上栏画面中，上层楼阁为两位女主人，下层为男主人燕居。下栏为车马出行。

15. 东王公、庖厨、车骑画像石

东汉

高 67、宽 63、厚 30 厘米

嘉祥宋山出土

山东博物馆藏

凿纹地凸面线刻。祠堂东壁石。上栏为东王公。中栏是庖厨图，墙上挂满宰杀好的猪腿、五花肉、猪头、鸡、鱼、兔，旁边二人在剖案上杀鱼，其侧置有耳杯、酒樽等酒器；画面右侧一人烧灶，灶上放置一釜甑；中间一人和面；左侧一人汲水，一人剥狗。下栏为车马出行。

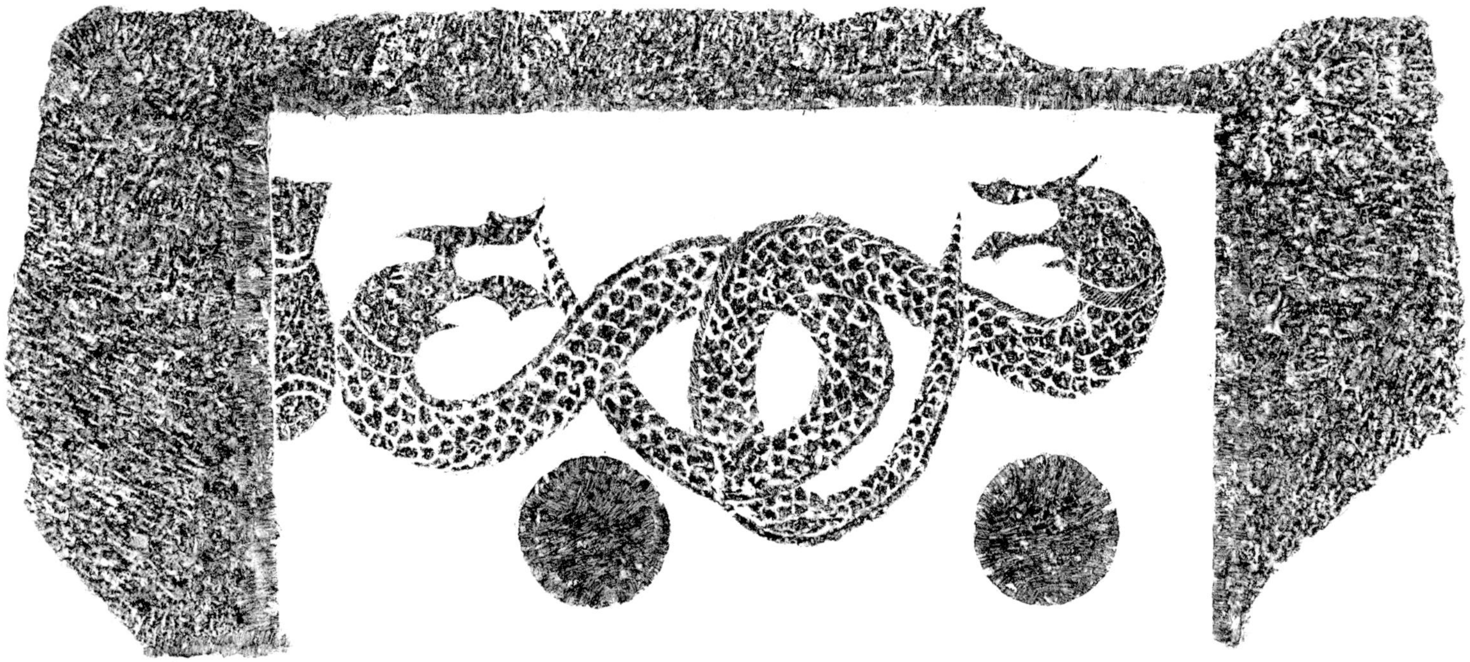

16. 交龙画像石

东汉

高 81、宽 194、厚 35 厘米

嘉祥宋山出土

山东博物馆藏

凿纹地浅浮雕。此石为祠堂顶盖石。图像为双龙交错缠绕，其下方有象征日月的圆饼，右侧刻一鱼。

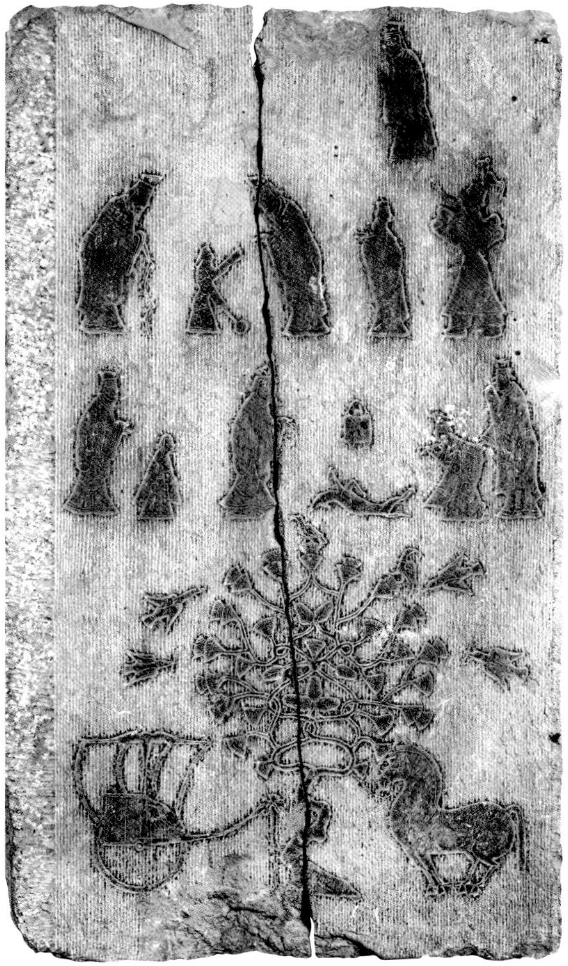

17. 孔子见老子、骊姬故事、致仕画像石

东汉

高 111、宽 67、厚 16 厘米

嘉祥宋山出土

山东博物馆藏

凿纹地凹面线刻。祠堂侧壁石。画面第一层是孔子见老子。第二层是骊姬害申生故事，图中左二人，前是申生，面前一犬死于地；右三人分别是晋献公、奚齐、骊姬。下层为致仕图。

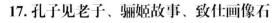

18. 胡汉交兵画像石

东汉

高 115、宽 64、厚 29 厘米

嘉祥宋山出土

山东博物馆藏

凿纹地凹面线刻。祠堂侧壁石。上层为胡汉交战图，一汉骑弯弓正欲射杀逃亡的胡骑，另一汉骑执长矛刺得胡兵人仰朝天；重峦叠嶂中隐藏着胡骑，一胡兵正向其首领汇报战况；汉官面前，一卒绑来两个胡兵俘虏。最下层为戏蛇图案，中间一人双手握蛇，蛇缠绕其颈部，收尾翘起，两旁各一人，执锤、斧戏蛇。

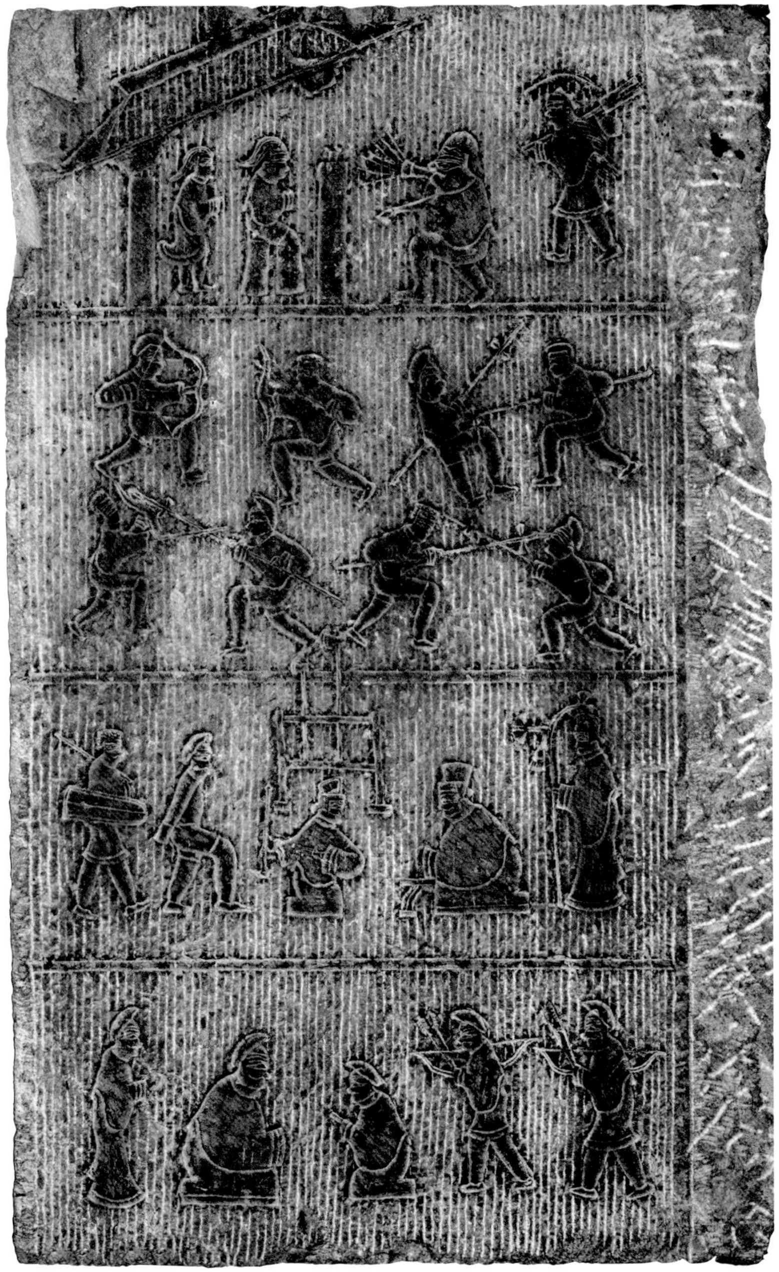

19. 胡汉交兵画像石

东汉

高 106、宽 66、厚 21 厘米

嘉祥五老洼出土

山东博物馆藏

凿纹地凹面线刻。祠堂东壁石。图像分四栏。第一栏为风伯。第二栏是胡汉交兵，六人持矛对刺，二人弯弓对射。第三栏为汉将凭几而坐，兵卒献俘。第四栏为胡卒败归。

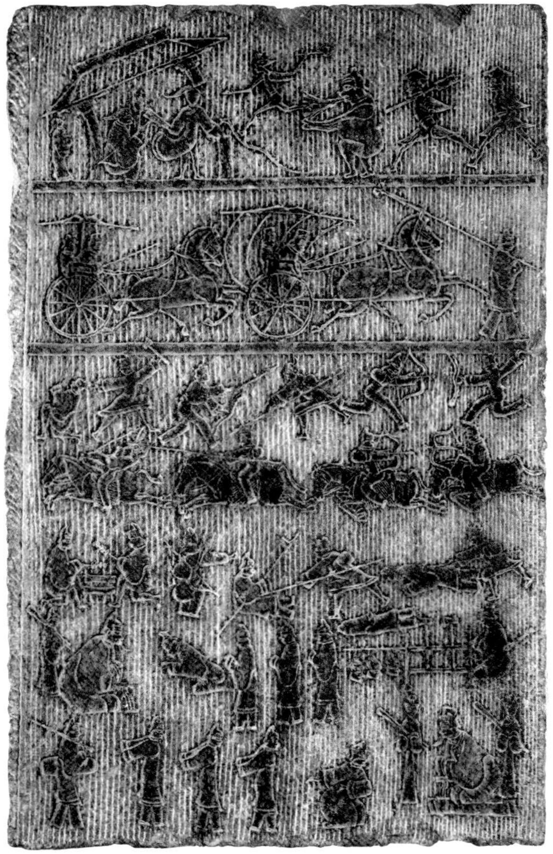

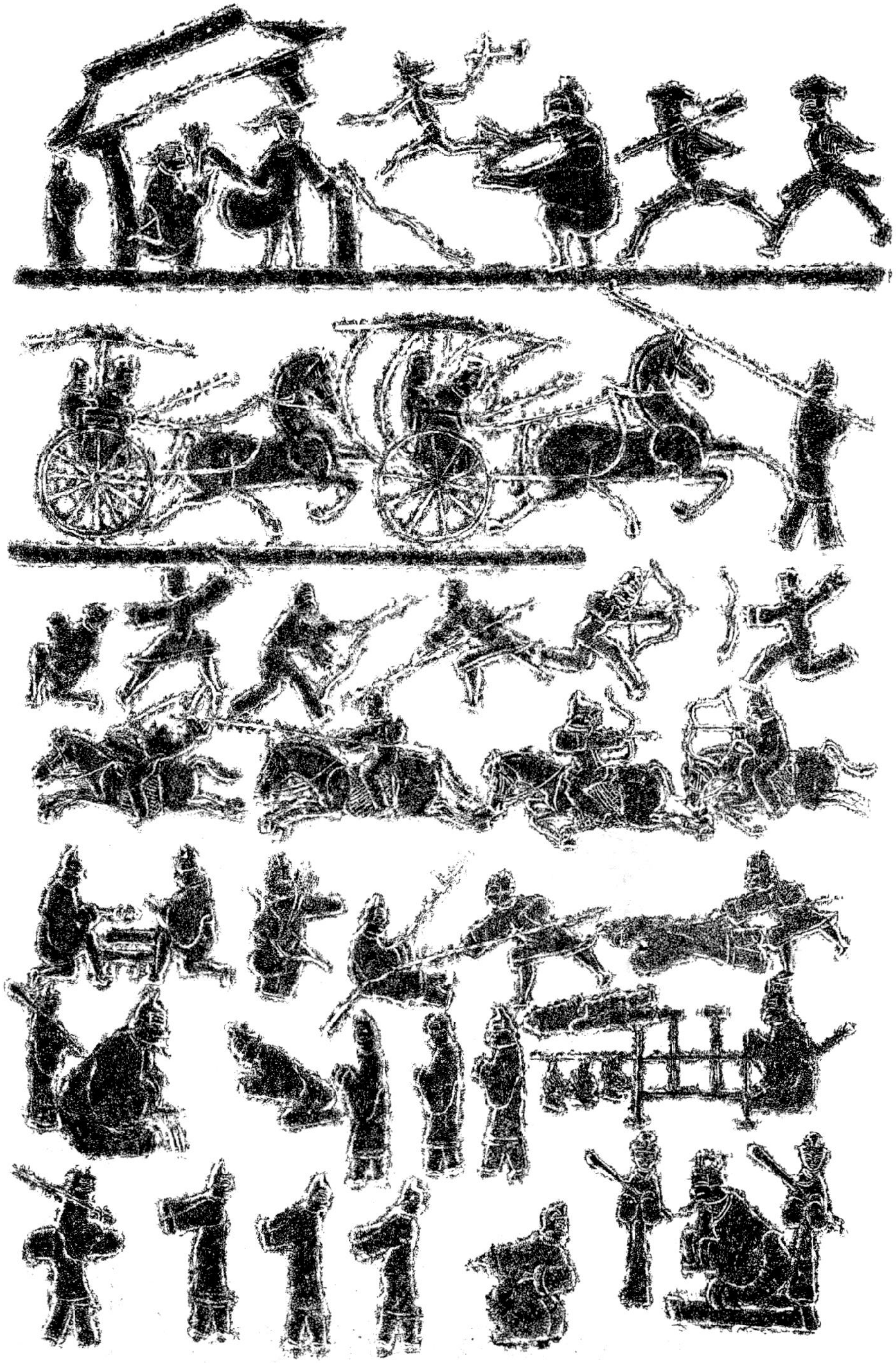

20. 风伯、胡汉交兵画像石

东汉

高 123、宽 80、厚 22 厘米

嘉祥五老洼出土

山东博物馆藏

凿纹地凹面线刻。祠堂东壁石。图像分三栏。画面上栏风伯，中栏车马图，下栏胡汉交战图。

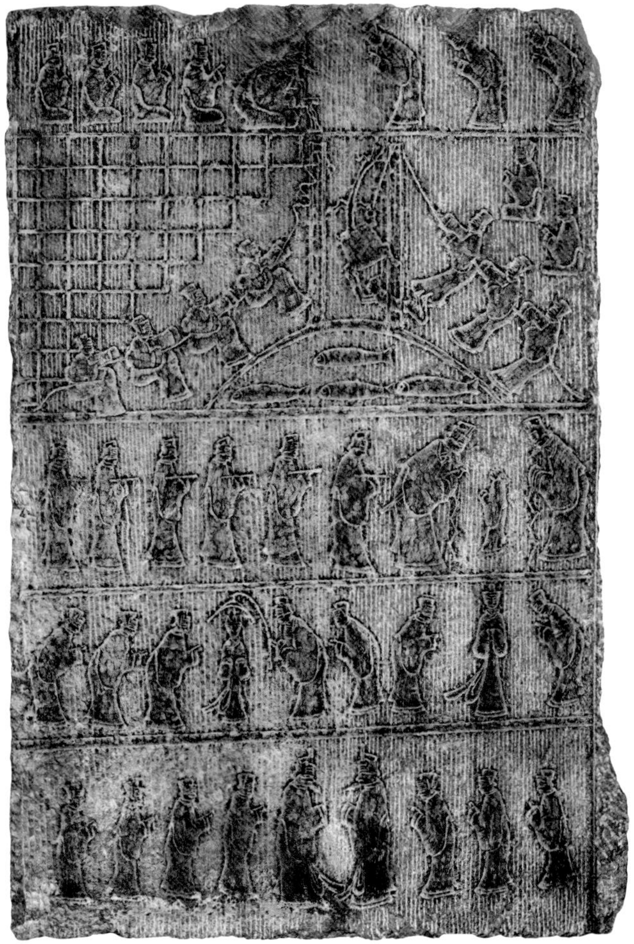

21. 泗水捞鼎、孔子见老子、周公辅成王画像石

东汉

高 125、宽 78、厚 23 厘米

嘉祥五老洼出土

山东博物馆藏

凿纹地凹面线刻。祠堂侧壁石。图像分五栏。第一、二栏为泗水捞鼎，第三栏为孔子见老子，第四栏为周公辅成王，第五栏为拜谒。

22. 建鼓、乐舞、庖厨画像石

东汉

高 61、宽 58、厚 16 厘米

嘉祥五老洼出土

山东博物馆藏

凿纹地凹面线刻。祠堂侧壁石。图像分三栏。画面上栏为奏乐，第二栏为建鼓乐舞图。第三栏为庖厨图。

23. 楼阁人物画像石

东汉

高 69、宽 110、厚 9 厘米

嘉祥五老洼出土

山东博物馆藏

凿纹地凹面线刻。祠堂后壁石。图像分两栏。上栏刻楼阁，楼上四人端坐，楼下主人燕居。下栏刻车马出行。

24. 泗水捞鼎、周公辅成王、孔子见老子画像石

东汉

高 108、宽 62、厚 16 厘米

嘉祥五老洼出土

山东博物馆藏

凿纹地凹面线刻。祠堂侧壁石。画面上栏为泗水捞鼎。第二栏为周公辅成王。中间矮小者为成王，左侧高大者为周公。第三栏为孔子见老子。

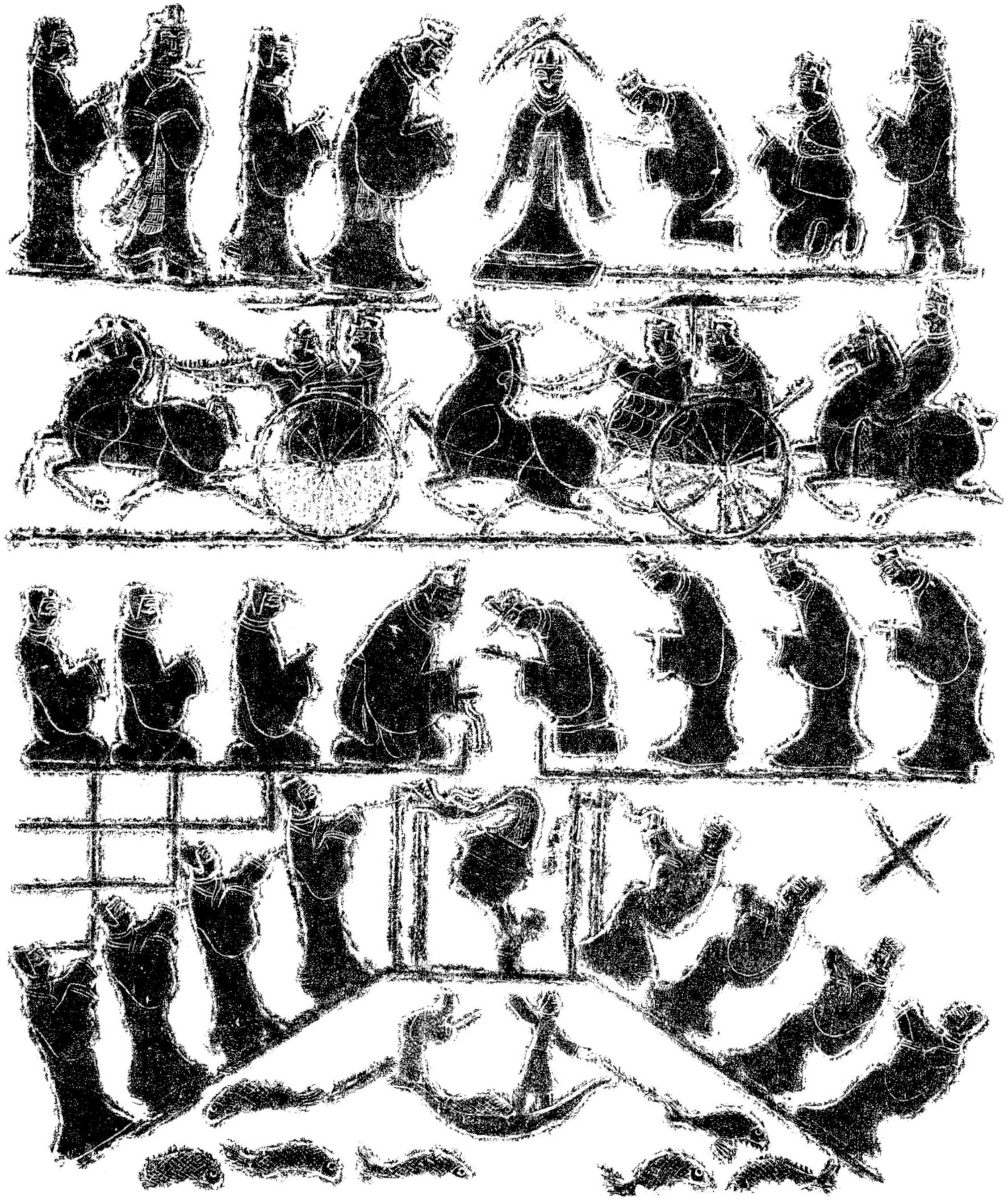

25. 泗水捞鼎、周公辅成王画像石

东汉

高 77、宽 120、厚 23 厘米

嘉祥五老洼出土

山东博物馆藏

凿纹地凹面线刻。祠堂侧壁石。画面第一栏上层为周公辅成王，下层为车马出行。第二栏为泗水捞鼎。

26. 楼阁人物画像石

东汉
高 60、宽 93、厚 12 厘米
嘉祥五老洼出土
山东博物馆藏

凿纹地凹面线刻。祠堂后壁石。图像分两栏。上栏刻双层楼阙，楼上二人端坐，楼下男主人向右侧坐，身上刻“故太守”三字。下栏为备车马图。

27. 伎乐杂技画像石

东汉

高 61、宽 53、厚 9 厘米

嘉祥隋家庄出土

山东博物馆藏

凿纹地凹面线刻。祠堂侧壁石。画面上栏为乐器演奏，下栏为建鼓舞和杂技。

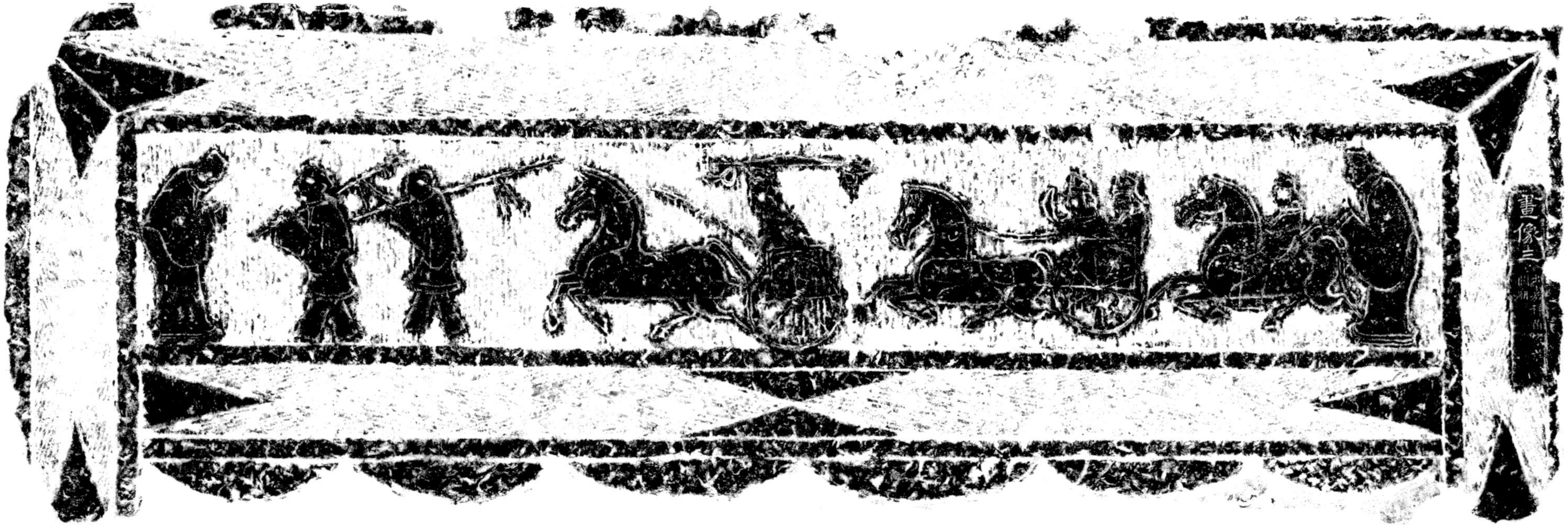

28. 车马出行画像石

东汉

高 34.5、宽 129、厚 30 厘米

嘉祥隋家庄关庙出土

山东博物馆藏

凿纹地凹面线刻。画面四周有边栏，栏内饰几何纹、垂幛纹，画面为车马出行。

29. 泗水捞鼎、戏蛇画像石

东汉

高 87、宽 43、厚 24 厘米

嘉祥洪福寺出土

山东博物馆藏

凹面线刻。祠堂侧壁石。画面分两栏，上栏为戏蛇杂技，下栏为泗水捞鼎。

30. 燕居、车马出行画像石

东汉

高 71、宽 105、厚 19 厘米

嘉祥吴家庄出土

山东博物馆藏

凿纹地凹面线刻。祠堂后壁石。图像分两栏。上栏为墓主人燕居，二层楼阁两侧有重檐双阙，楼内男主人凭几端坐，身后一侍者正面站立，手捧棒形物；面前一人跪拜，一人执木刺恭立，楼外左右各有一人执木刺恭立，阙外一侧二人侍立，一侧一人恭立。楼上大门紧闭，门左右各有二女子正面端坐，楼外左右各有二人恭立。楼上大门楼脊饰二凤鸟，阙顶脊饰二猿猴攀援。下栏为车马出行，双阙间驷马轺车迎面驶来，左右各有二从骑执弓或长戟。

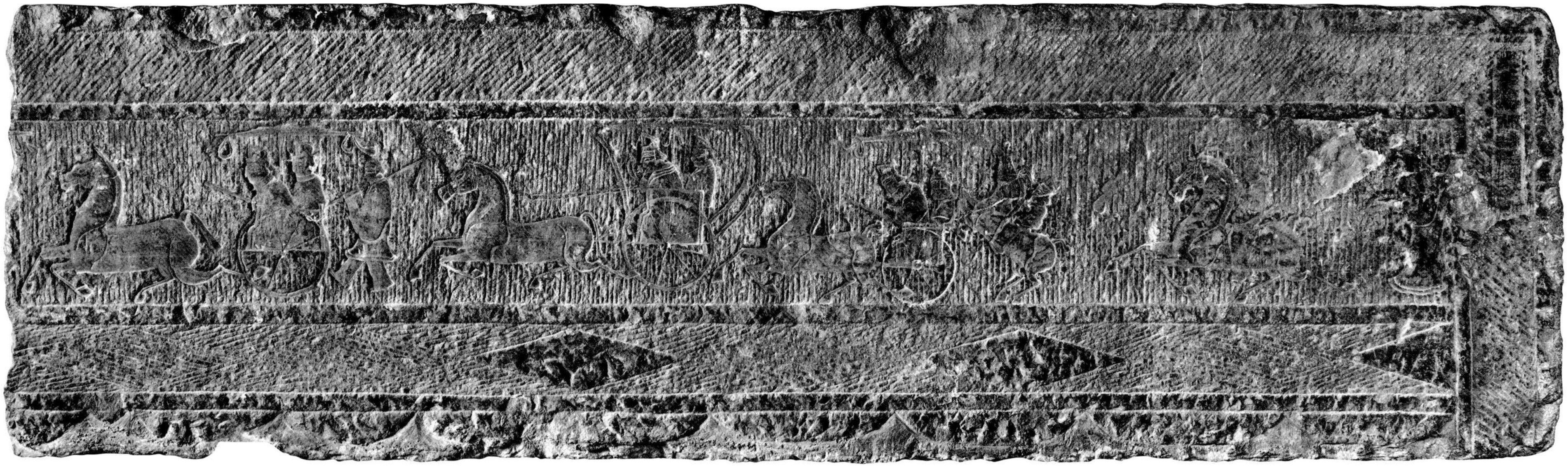

31. 车马出行画像石

东汉

高 45、宽 163、厚 20 厘米

嘉祥商村出土

山东博物馆藏

凿纹地凹面线刻。有边栏，栏内饰菱形纹。画面为向右行进的车马出行。

32. 孔子见老子画像石

东汉

高 48、宽 111、厚 21 厘米

嘉祥出土

山东博物馆藏

凿纹地凸面线刻。图像分两栏。画面上栏为孔子见老子，下栏为胡汉战争。

33. 孔子见老子画像石

东汉

高 95、宽 73、厚 29 厘米

嘉祥洪家庙出土

山东博物馆藏

凿纹地凹面线刻。图像分两栏。画面上栏为孔子见老子故事，中间为神童项橐。下栏为致仕图。

二 嘉祥县武氏祠博物馆

34. 九头人面兽、周公辅成王、武库画像石

东汉

高 111、宽 50 厘米

1983 年嘉祥纸坊镇养老院出土

嘉祥县武氏祠博物馆藏

凿纹地凹面线刻。祠堂侧壁石。图像分三栏。上栏为九头人面兽侧身蹲坐，其上有鸟衔蛇。中栏为周公辅成王故事，少年成王中间正面站立，周公居右执伞盖侍立，召公居左扶杖侍立。下栏为武库，兵器架上斜插四根长戟，一武士执棒作击打状。

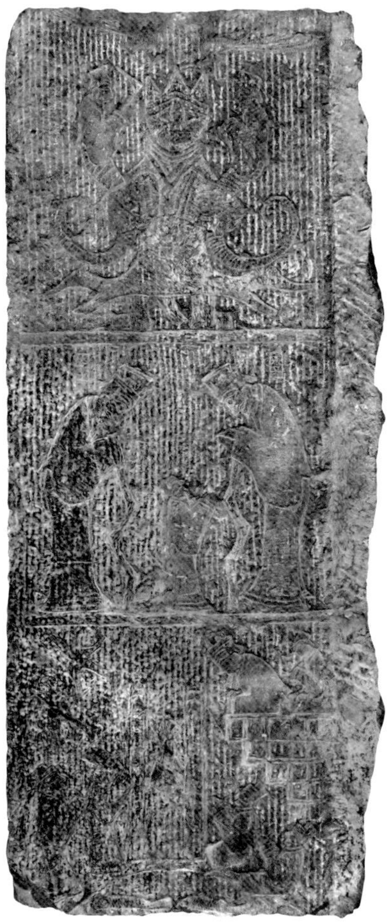

35. 高禖、孔子见老子、泗水捞鼎画像石

东汉

高 111、宽 45 厘米

1983 年嘉祥纸坊镇养老院出土

嘉祥县武氏祠博物馆藏

凿纹地凹面线刻。祠堂侧壁石。图像分三栏。上栏为戴山形冠高禖右手抱伏羲，左手抱女娲，头顶刻凤鸟一对。中栏为孔子见老子故事。孔子和老子拄杖对立，孔子袖中露一鸷头，中间项橐面向孔子。下栏为泗水捞鼎故事。桥上竖四根杆，两侧各有二人拉绳升鼎，鼎升至半空中，鼎内伸一龙头，咬断绳索；左边拉绳者上方刻楼阁，内有二人俯身观看升鼎；右边拉绳者上方刻二飞鸟，桥下水中有二鱼。

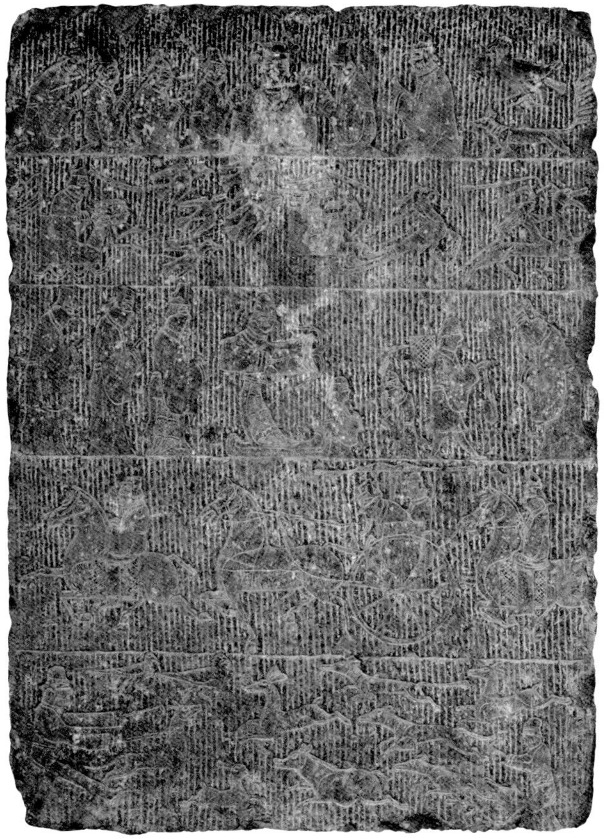

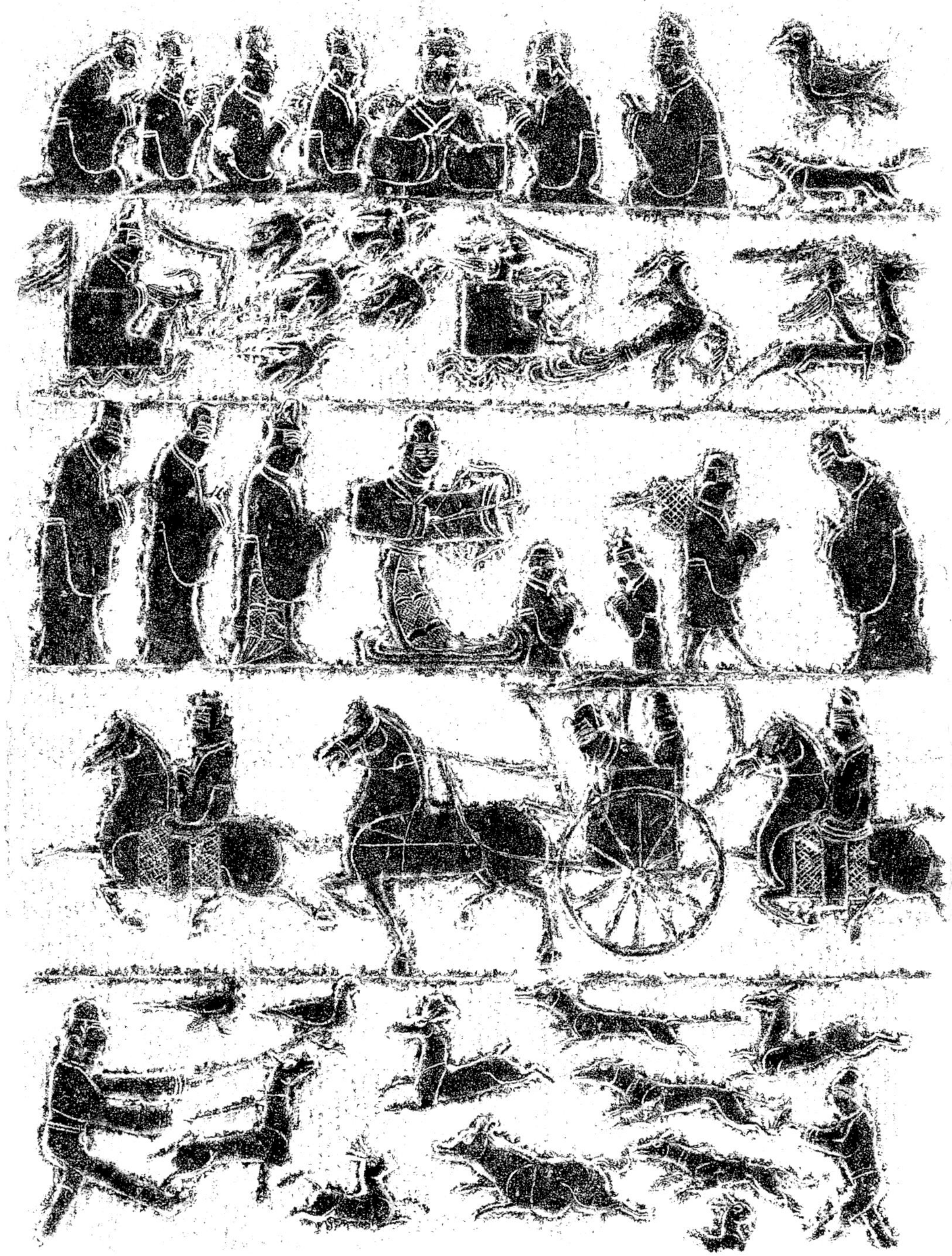

36. 西王母、仙人出行、贞夫故事、车马出行、狩猎画像石

东汉

高 87、宽 65 厘米

1983 年嘉祥纸坊镇养老院出土

嘉祥县武氏祠博物馆藏

凿纹地凹面线刻。祠堂侧壁石。图像分五栏。第一栏，西王母端坐中央，左右有执木刺、进献灵芝的侍者，左边还有三足乌和九尾狐。第二栏，仙人出行。一仙人驾龙前导，后随一凤车和五鸟驾车。第三栏，贞夫故事。第四栏，车骑出行。一辆施维轺车、两骑向右行进。第五栏，狩猎图。二猎人指挥猎犬围猎鹿、兔、野鸡、野猪。

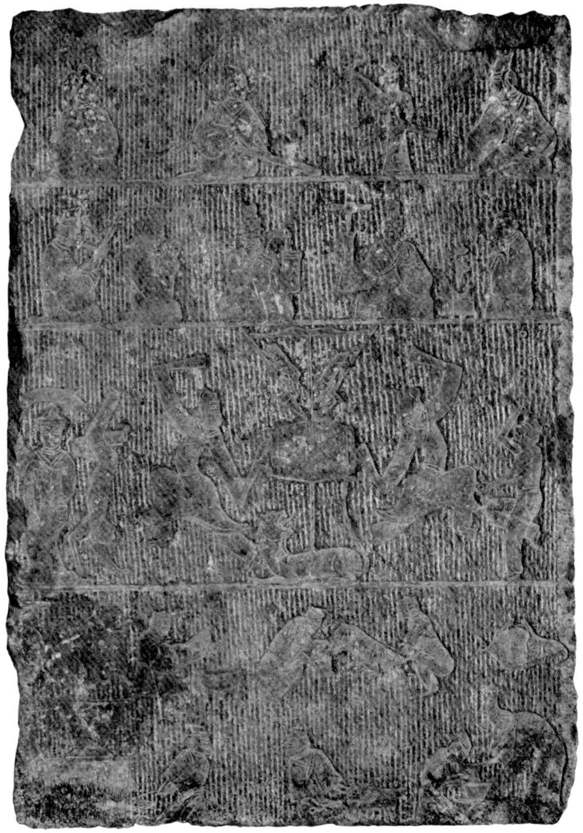

37. 乐舞、建鼓、庖厨画像石

东汉

高 87、宽 61 厘米

1983 年嘉祥纸坊镇养老院出土

嘉祥县武氏祠博物馆藏

凿纹地凹面线刻。祠堂侧壁石。图像分四栏。第一栏，乐舞图。中间一人抚琴，一人挥袖起舞，左右男、女主人坐观。第二栏，奏乐图。左边一人侧坐，身前摆放耳杯、酒樽；右边四人，一人右手摇鼗鼓，一人吹笛，一人吹排箫，一人吹竽。第三栏，建鼓舞。中间竖虎座建鼓，左、右各一人执桴边舞边敲击，右边一人挥袖起舞，一人倒立；左边一人跳丸。第四栏，庖厨图。右边一人烧灶，上面的横杆上挂鸡、鱼、兔等肉食，其左边是杀鸡、宰猪、剖鱼、切肉者。

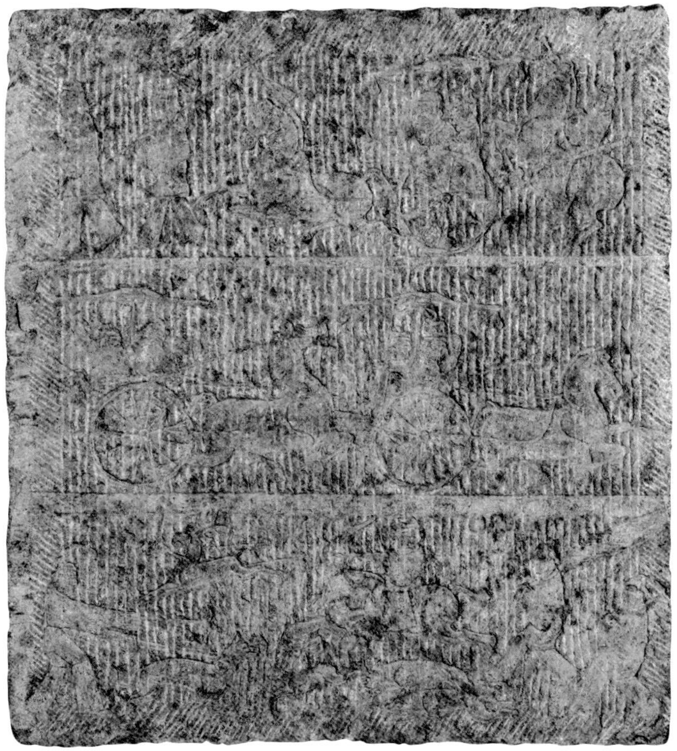

38. 车马出行、狩猎画像石

东汉

高 64、宽 60 厘米

1983 年嘉祥纸坊镇养老院出土

嘉祥县武氏祠博物馆藏

凿纹地凹面线刻。祠堂侧壁石。图像分三栏。上栏，车骑出行。一轺车、一从骑、二武伯右行。中栏二轺车左行。下栏狩猎图。四猎人或牵犬，或骑马，或扛弩，或执竿，围猎鹿、兔。

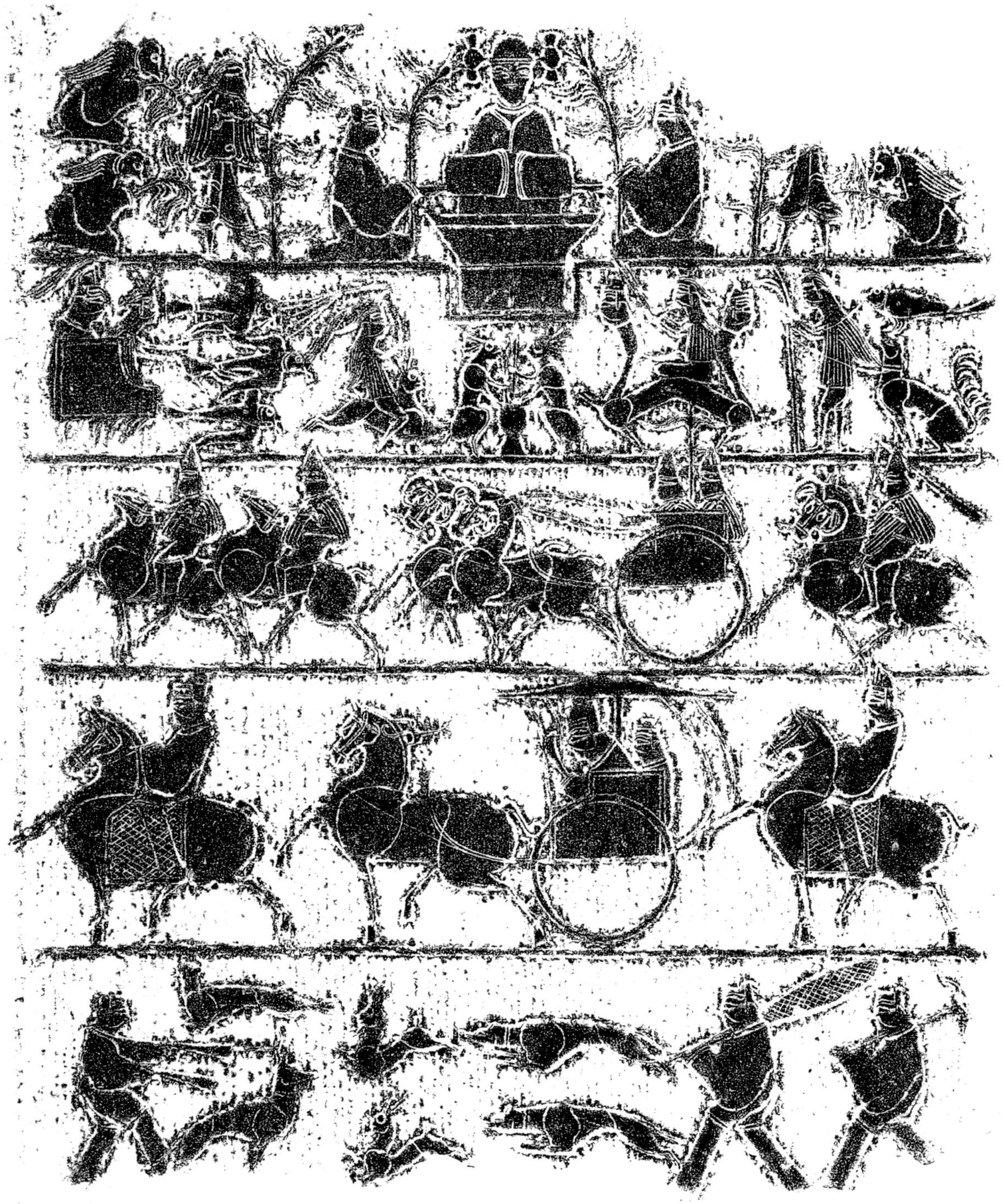

39. 西王母、车马出行、狩猎画像石

东汉

高 81.5、宽 69.5 厘米

嘉祥县嘉祥村出土

嘉祥县武氏祠博物馆藏

凿纹地凹面线刻。祠堂西壁石。图像分五栏。第一栏西王母正面端坐，左右各有一跪侍者手执仙草，两侧有披发侍者、鸡首人身兽均持仙草进奉。第二栏，神仙祥瑞。中间二玉兔捣药，右侧三鸟拉云车，前有一仙人骑兔举幡前导，左侧一仙人乘双首怪兽，后有一仙人牵三青鸟、九尾狐。第三栏，羊车出行。二羊拉轺车右行，前有二导骑、后有一从骑。第四栏，车马出行。一施维轺车右行，前有一导骑，后有一从骑。第五栏，狩猎。猎人或牵犬、或扛竿、或扛弩，纵犬围猎兔子。

40. 西王母、周公辅成王、贞夫、车马出行画像石

东汉

高 69、宽 68 厘米

1969 年嘉祥南武山出土

嘉祥县武氏祠博物馆藏

凿纹地凸面线刻。祠堂西壁石。画面四周有边栏。图像分四栏。第一栏，西王母正中端坐在矮榻上，左右有仙女侍奉，左端有三青鸟和九尾狐。右边有玉兔捣药和二仙人。第二栏，周公辅成王故事。中间有成王正面站立，左侧周公持伞盖侍奉，左右还各有三人执木刺侍奉。第三栏为贞夫故事，右端楼内二人，韩朋跽坐，侍者跪坐禀告；一人扛物登梯，身后二小儿，小儿左侧一着女装者为贞夫，一手执弓一手前指，其后侍女向后与侍者对话。第四栏，迎宾。右端一人执木刺恭迎，一导骑手执马鞭，指引轺车前行。

41. 东王公、奏乐、庖厨、车马出行画像石

东汉

高 69、宽 68 厘米

1969 年嘉祥南武山出土

嘉祥县武氏祠博物馆藏

凿纹地凸面线刻。祠堂东壁石。画面四周有边栏。图像分四栏。第一栏东王公正面端坐，仙人侍奉仙果、琼浆，左侧依次为马首、鸡首、狗首人身神持木刺跪侍，右侧为一人头鸟身神、一鸟。第二栏，奏乐。右侧一女子鼓瑟，二女子击节；左侧四男子吹排箫、吹管、吹竽、吹埙。第三栏，庖厨。右端一人灶前吹火，上方挂猪头、鸡、鱼、兔等肉食；中间一人在盆前劳作，旁边一人剖鱼，左端二人汲水，一人剖狗。第四栏，车骑出行。三导骑、一轺车向右行进，中间一直立熊形神怪。

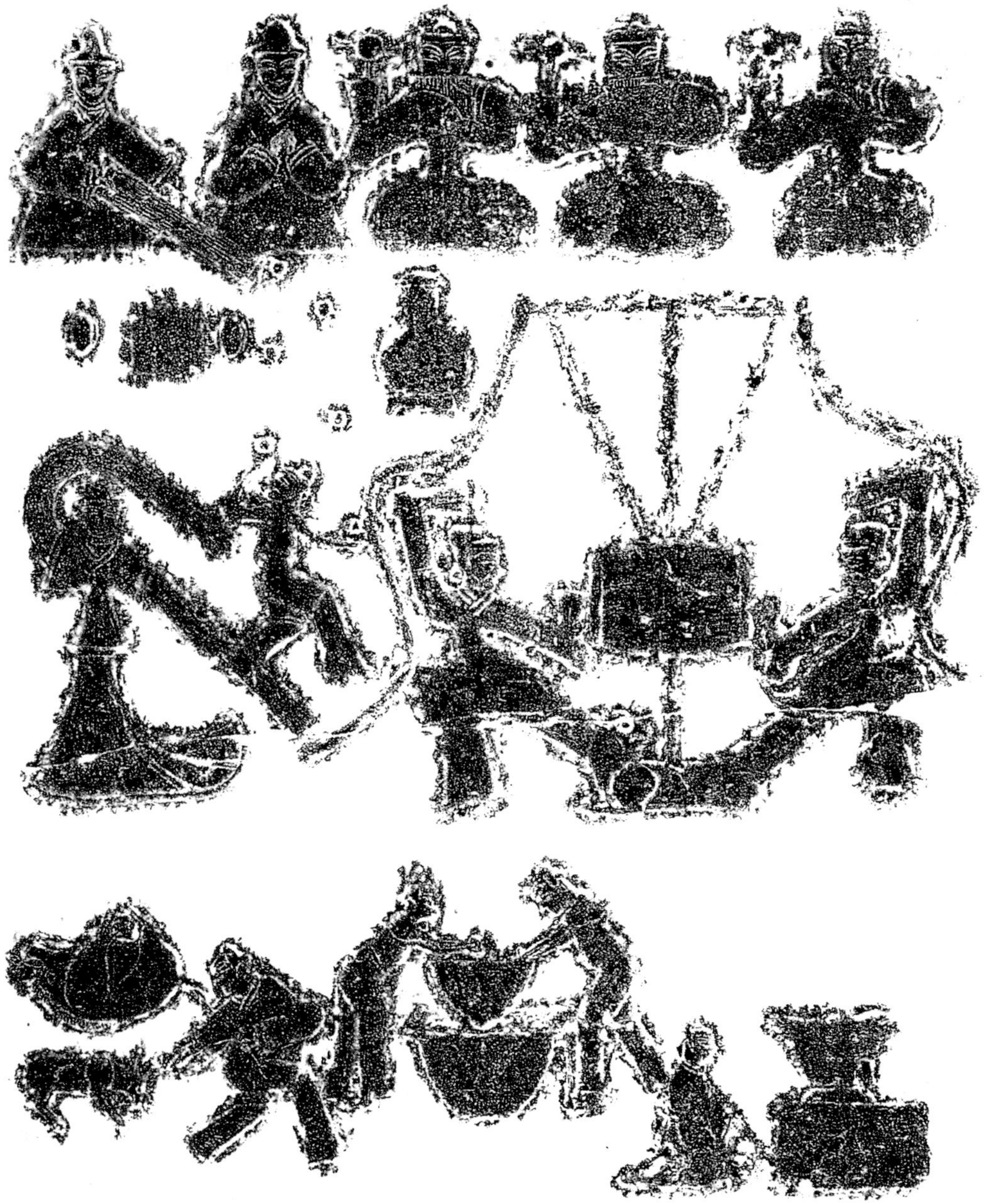

42. 建鼓、乐舞、庖厨画像石

东汉

高 73、宽 57 厘米

嘉祥十里铺村出土

嘉祥县武氏祠博物馆藏

凿纹地凹面线刻。祠堂侧壁石。图像分三栏。上栏为奏乐图，五人奏乐，其中左三人右手摇鼗鼓，左手执排箫；右侧一人鼓瑟，一人击节。中栏为建鼓杂技舞蹈图，左侧竖虎座建鼓，左右各一人持桴，边击边舞；右边一人挥袖起舞，一人跳丸；右上方有酒杯、酒樽、酒壶。下栏为庖厨图，左侧一人烧灶，中间二人滤酒，右边一人牵羊，上方为待宰的猪。

43. 人物、乐舞画像石

东汉

高 138、宽 51 厘米

1977 年嘉祥齐山出土

嘉祥县武氏祠博物馆藏

铲地凸面线刻。画面四周有边栏，图像分三栏。上栏一人执木刺、一人拥篲恭立。中栏舞蹈图。一人在鼓上倒立而舞，前后一人挥袖起舞，右端一人鼓掌击节。下栏奏乐图。一女子鼓瑟，一女子击节，一男子吹排箫，一男子鼓掌击节。

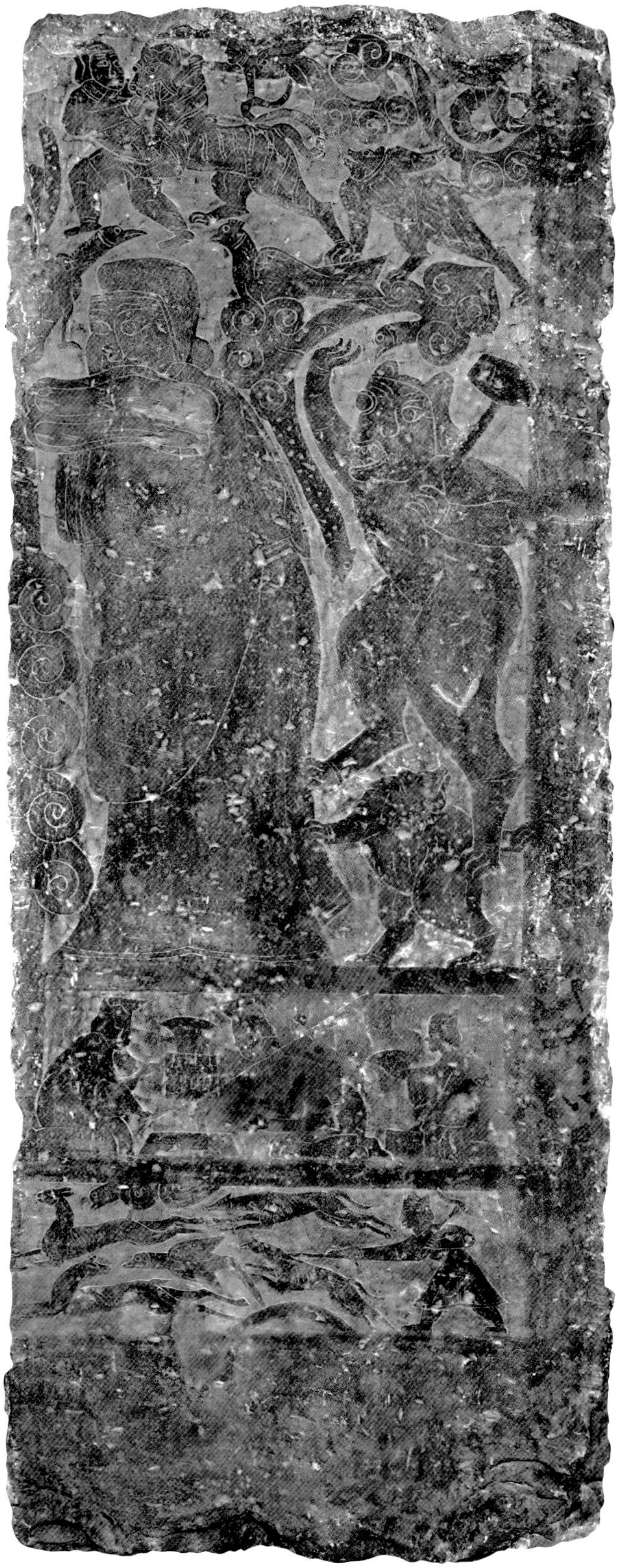

44. 人物、狩猎画像石

东汉

高 138.5、宽 52 厘米

1977 年嘉祥齐山出土

嘉祥县武氏祠博物馆藏

铲地凸面线刻。画面四周有边栏，图像分三栏。上栏一人双手捧盾，方相氏扛锤，侧身而立；上部刻一人御虎和一对羽人，其下刻熊和鸟；左下刻一熊抓持盾者衣角。中栏，仙人六博图。右端二人相对六博，左边一侍者。下栏狩猎图。一猎人牵犬、扛弩，追猎鹿、兔和飞鸟。

三　济宁市博物馆

45. 孔子见老子画像石

东汉

高 37、宽 170 厘米

1786 年嘉祥武氏祠出土

济宁市博物馆藏

凿纹地凸面线刻。原为嘉祥武氏石室中诸画像石之一。乾隆五十一年（1786 年），黄易发掘出土，后移置济宁。《武氏石阙铭》记载，刻于东汉桓帝建和年间。画像石的画面构图均衡，孔子居右，手捧贽雁，为送老子的礼物，后面一从人，双马驾车，题签分别隶书“孔子也”“孔子车”；老子居左，拄曲拐杖，后一马驾车，从人三，题签隶书“老子”。二人之间有一雁。上部饰菱形纹和垂幛纹。

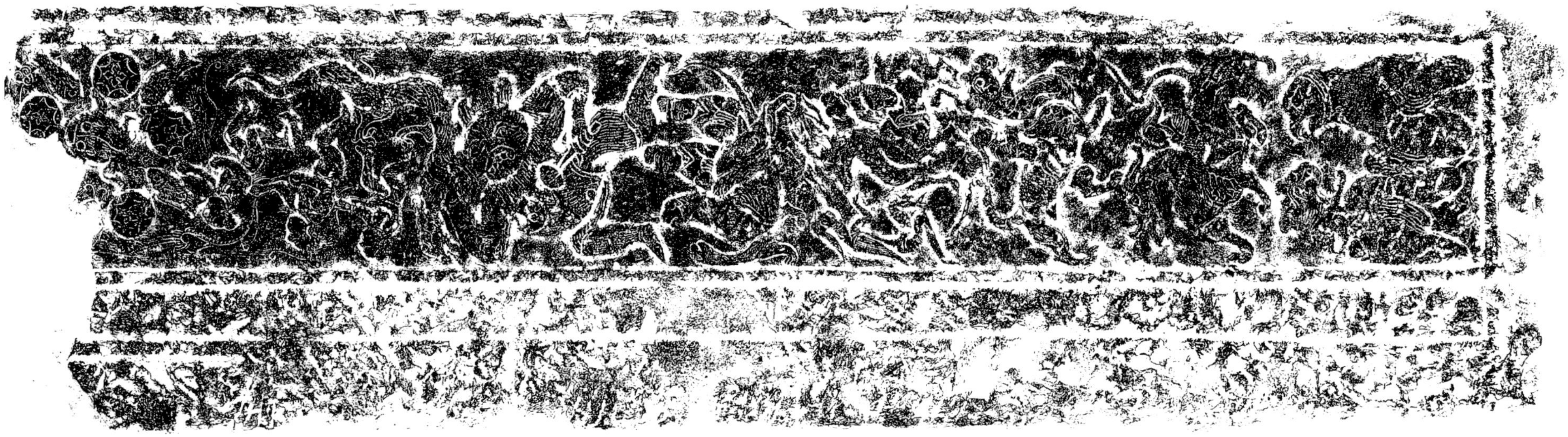

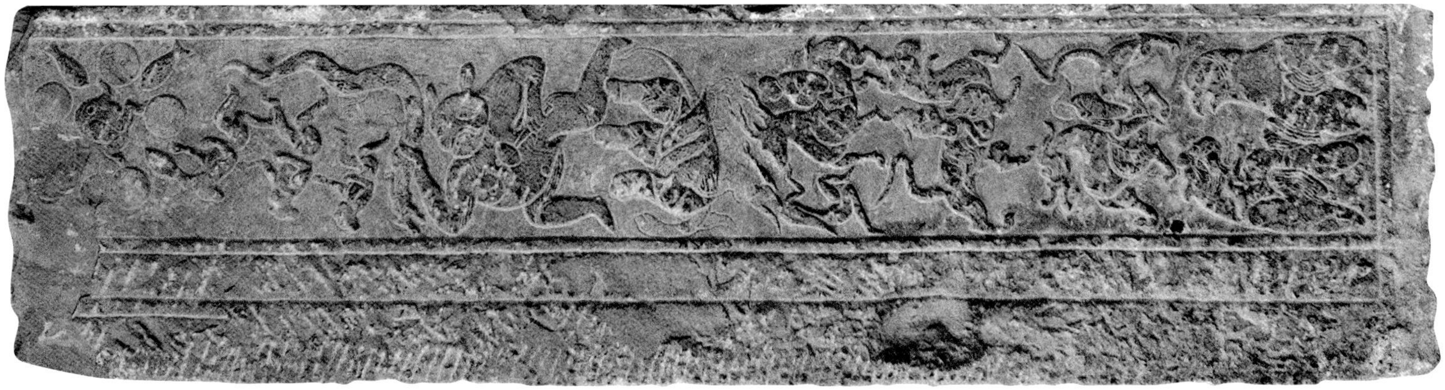

46. 祥瑞画像石

东汉

高 163.5、宽 42.5、厚 26 厘米

1970 年济宁喻屯城南张出土

济宁市博物馆藏

浅浮雕、阴线刻。墓室立柱。画面四周有边栏。图像自上而下刻蟾蜍，其周边刻鱼和莲叶、莲花相间；三仙人擎云而上；操蛇之神左手执锤，右手操蛇；二人乘玄武；仙人骑鹿、骑虎、乘龙；虎首人身、鸟首人身神对坐。

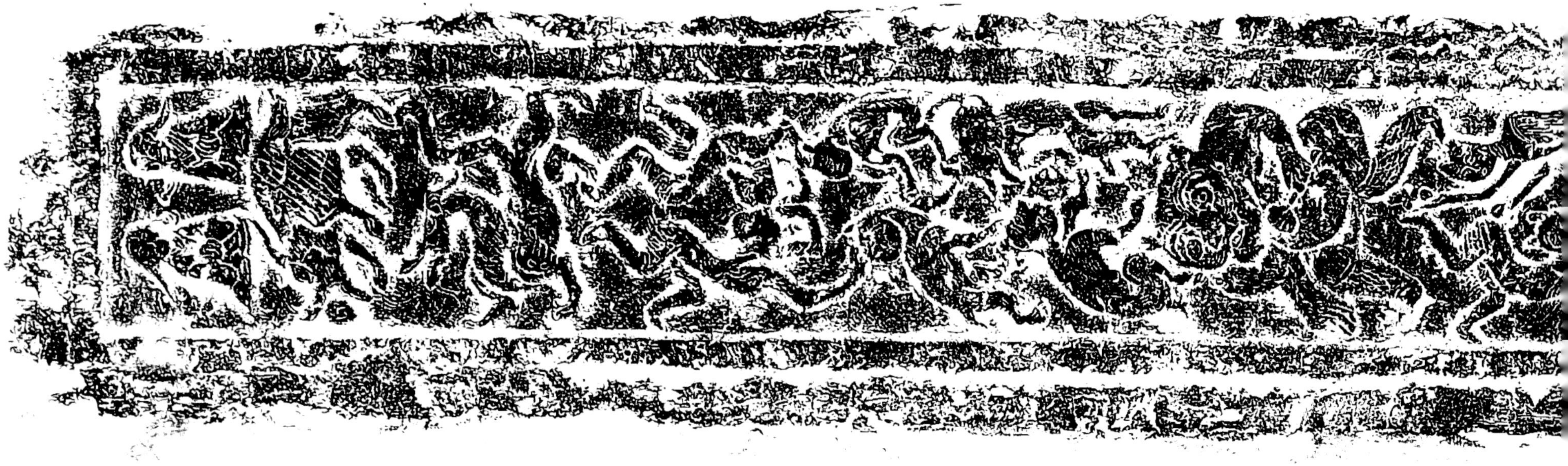

47. 祥瑞画像石

东汉

高 164、宽 74、厚 22.5 厘米

1970 年济宁喻屯城南张出土

济宁市博物馆藏

浅浮雕、阴线刻。墓室立柱。画面四周有边栏。画面内容为羽人、神怪和龙、虎等。

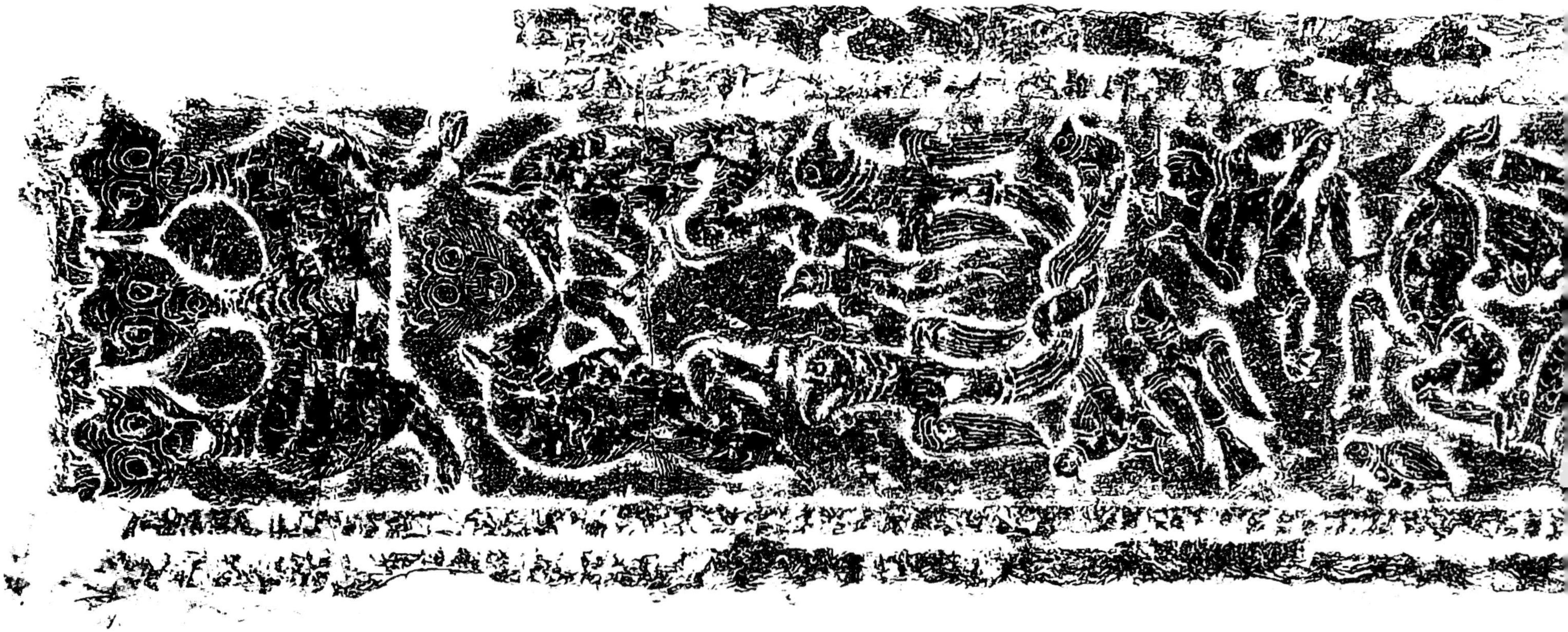

48. 祥瑞画像石

东汉

高 165、宽 28、厚 39 厘米

1970 年济宁喻屯城南张出土

济宁市博物馆藏

浅浮雕、阴线刻。墓室立柱。画面左、右有边栏。图像自上而下刻一兽三头；二熊对蹲；四只鸟尾相连；二兽倒立；二羊交颈，右羊背上阴刻一披发小人，异兽。

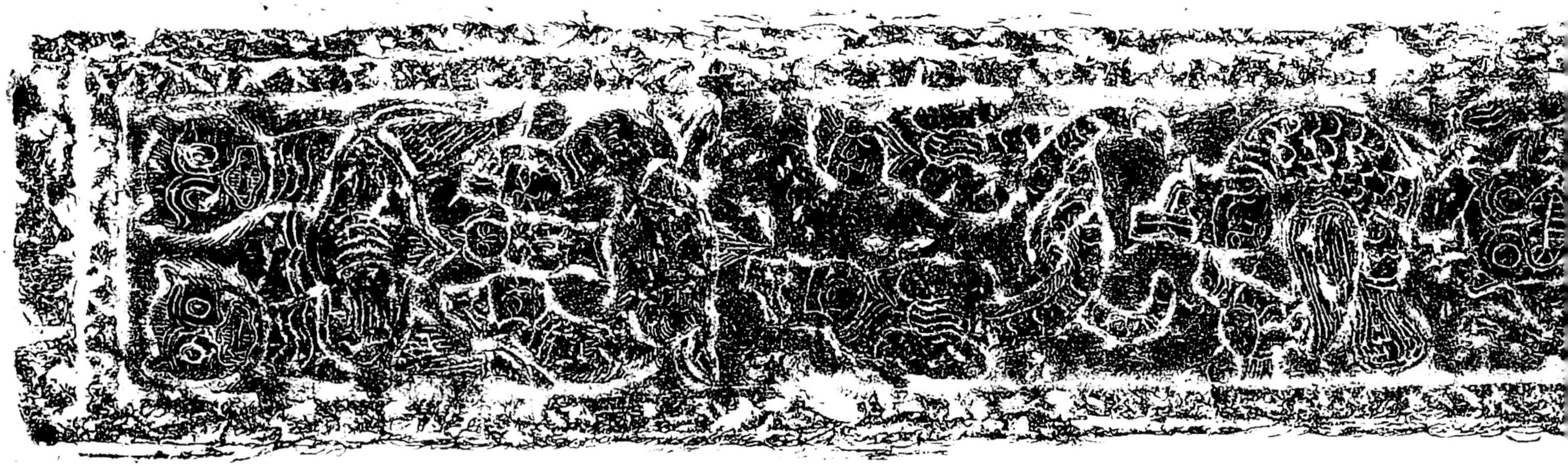

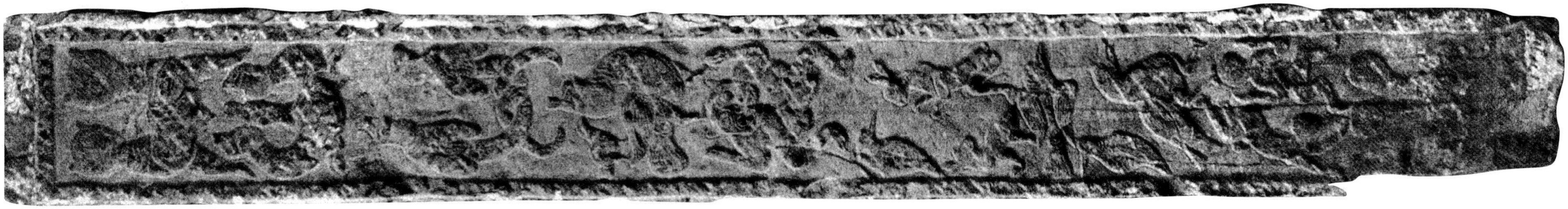

49. 祥瑞画像石

东汉

高 165、宽 44、厚 20 厘米

1970 年济宁喻屯城南张出土

济宁市博物馆藏

浅浮雕、阴线刻。墓室立柱。四周有边栏。图像自上而下刻双头虎面兽；双头人面兽，背立一小儿；伏羲女娲交尾；人首鸟身；大嘴怪兽半蹲；兔、鸟和倒立人物、双头怪兽。

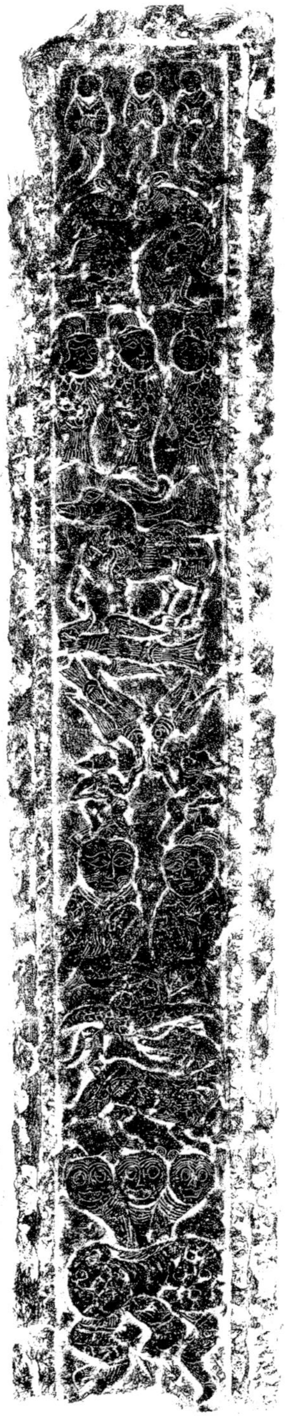

50. 祥瑞画像石

东汉

高 163、宽 29、厚 35 厘米

1970 年济宁喻屯城南张出土

济宁市博物馆藏

浅浮雕、阴线刻。墓室立柱。四周有边栏。图像自上而下为三蛇尾人身者飞翔；二鹿蹲踞、扭颈相向；人首鱼身者三；麒麟；仙人饲鸟；伏羲女娲交尾；尖嘴兽；三头怪兽。

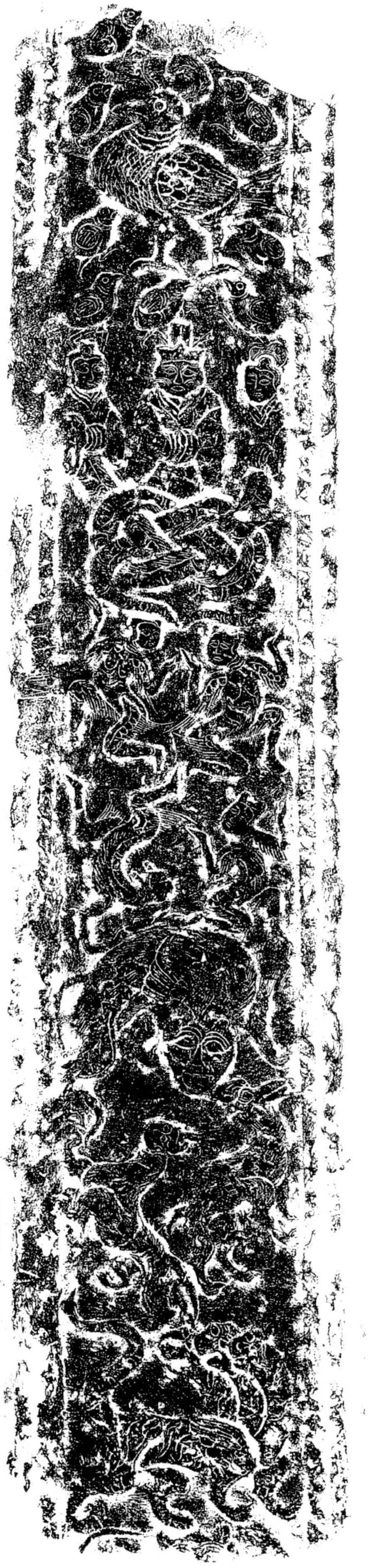

51. 祥瑞画像石

东汉

高 138、宽 27.5、厚 27 厘米

1970 年济宁喻屯城南张出土

济宁市博物馆藏

浅浮雕、阴线刻。墓室立柱。有边栏。图像自上而下为鸠鸟和小鸟八只；高禖居中，左右为伏羲女娲；四羽人舞蹈；人面翼兽一只；人面兽身兽一只；神兽一只；三首共身兽一只。

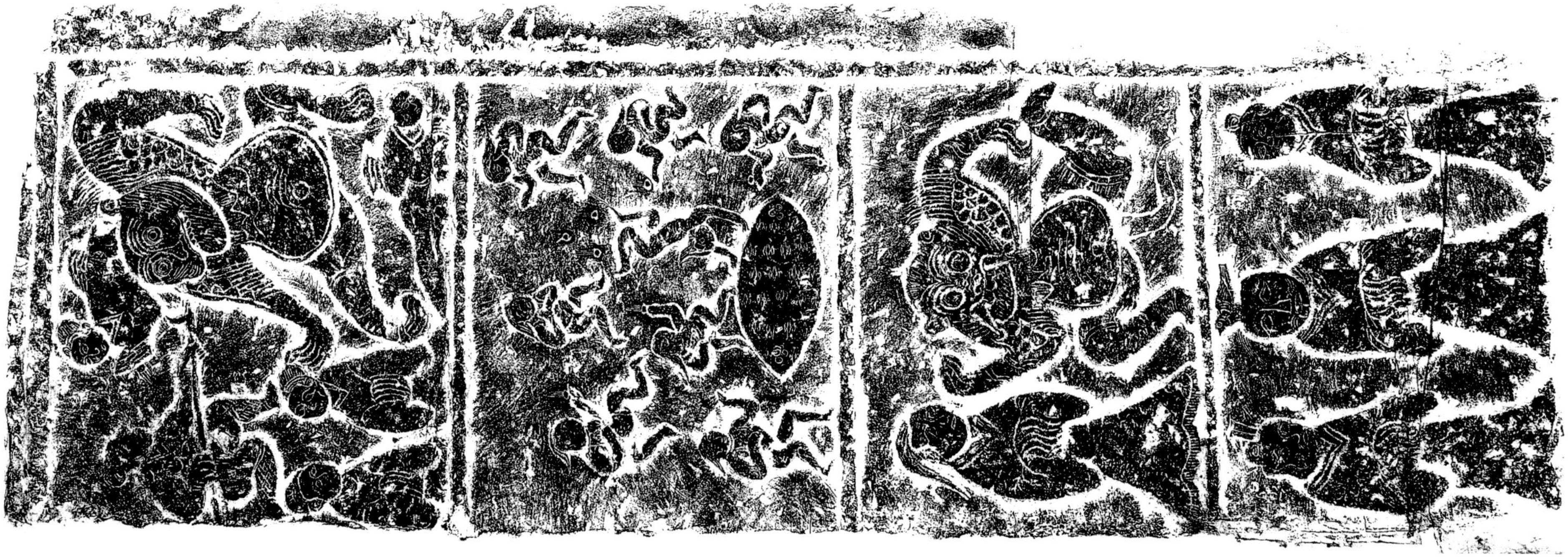

52. 祥瑞、人物侍立画像石

东汉

高 154.5、宽 51、厚 12 厘米

1970 年济宁喻屯城南张出土

济宁市博物馆藏

浅浮雕，阴线刻。墓室立柱。画面上、左、下有边栏。图像分四栏。第一栏，刺虎图。第二栏，杂技跳丸。第三栏，猿戏图。第四栏，中间一人正面站立，头顶卧一鸟，左右各有一人侍立。

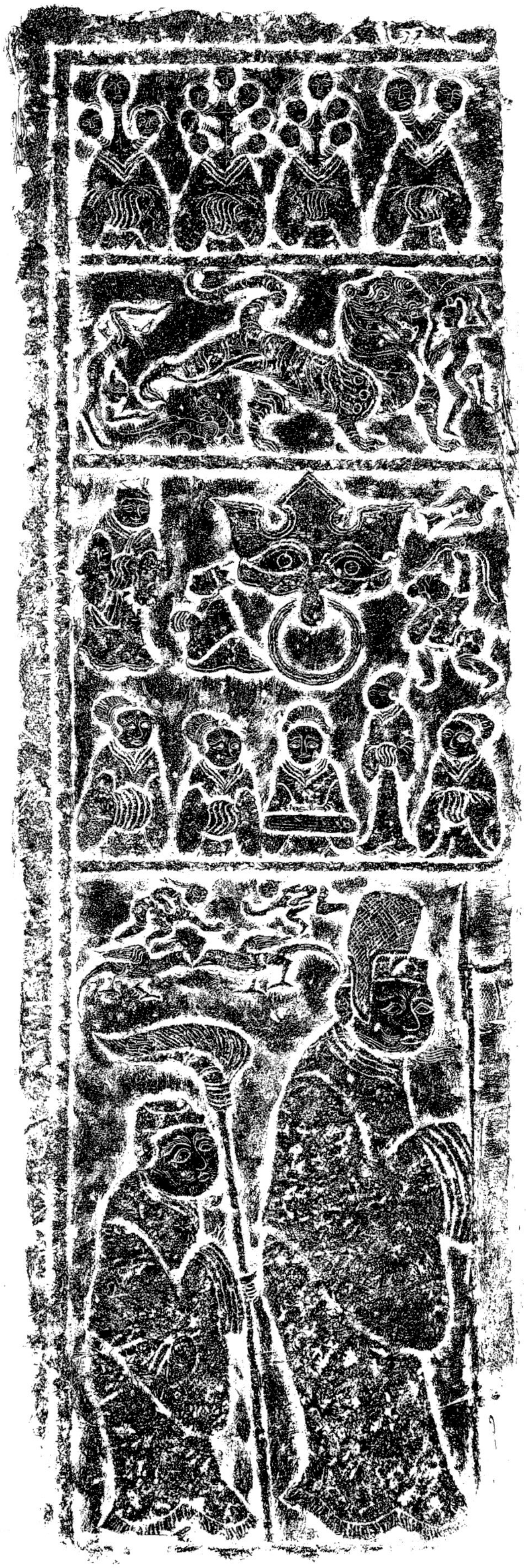

53. 祥瑞、门吏画像石

东汉

高 165.5、宽 51、厚 12 厘米

1970 年济宁喻屯城南张出土

济宁市博物馆藏

浅浮雕、阴线刻。门扉画像石。画面上、右、下有边栏。图像分四栏。第一栏，三头、七头、五头、二头仙人正面端坐。第二栏，羽人驯虎。第三栏，中间为铺首衔环，右边二人谒见，其中一人执木刺跪拜，左边一人射雀；下方为五女子，中间者抚琴，左右听者或立或坐。第四栏，二门吏侍立，前者执戟，后者拥篲；右上角二人引鸡相斗。

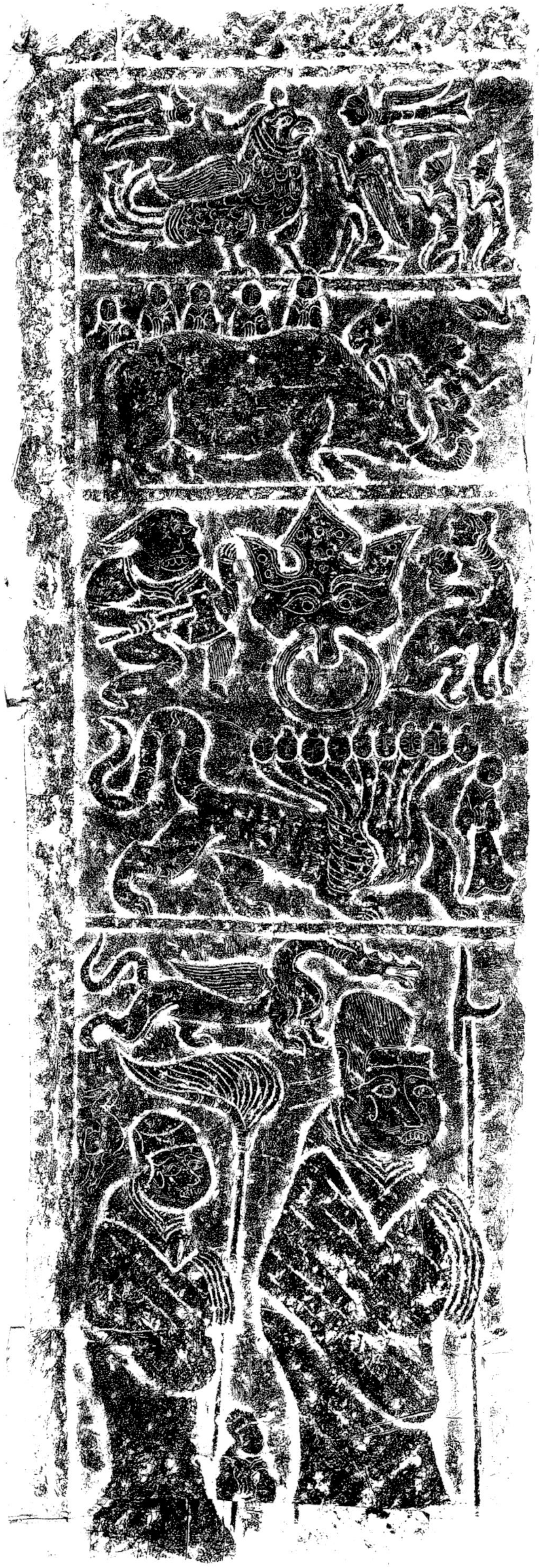

54. 祥瑞、门吏画像石

东汉

高 160、宽 52、厚 13 厘米

1970 年济宁喻屯城南张出土

济宁市博物馆藏

浅浮雕、阴线刻。门扉画像石。画面上、右、下有边栏。图像分四栏。第一栏，仙人饲凤。第二栏，大象背乘六人，一人驯象。第三栏，中间为铺首衔环，右有方相氏，左有二头人面兽；下方刻九头人面兽，兽前立一人。第四栏，二门吏侍立，前者执戟，后者拥彗，右上角一翼龙。

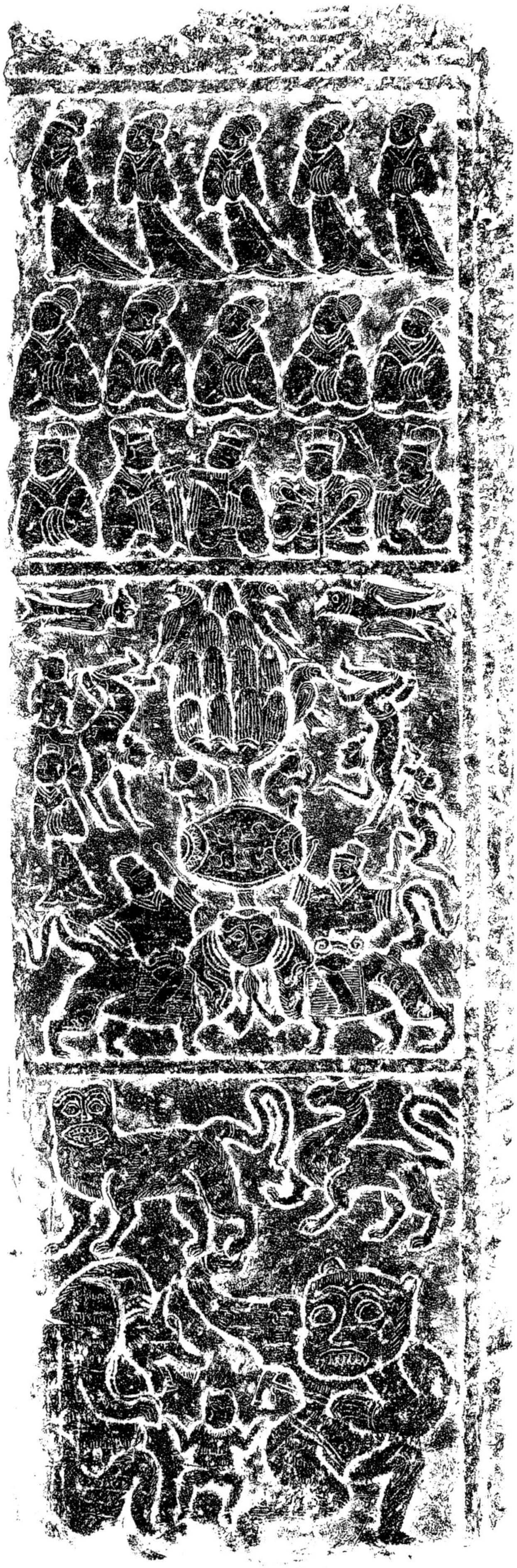

55. 乐舞、祥瑞画像石

东汉
高 157、宽 50、厚 13 厘米
1970 年济宁喻屯城南张出土
济宁市博物馆藏

浅浮雕、阴线刻。墓室立柱。画面上、左、下有边栏。图像分三栏。上栏，中间五人拢袖端坐，上下分别为五舞者和五乐者，乐者分别吹奏竽、竖笛、排箫、横笛和击节。中栏，建鼓竖立在虎头双身座上，鼓座上二人持桴击鼓；鼓上饰仙树、凤鸟。下栏，瑞兽。

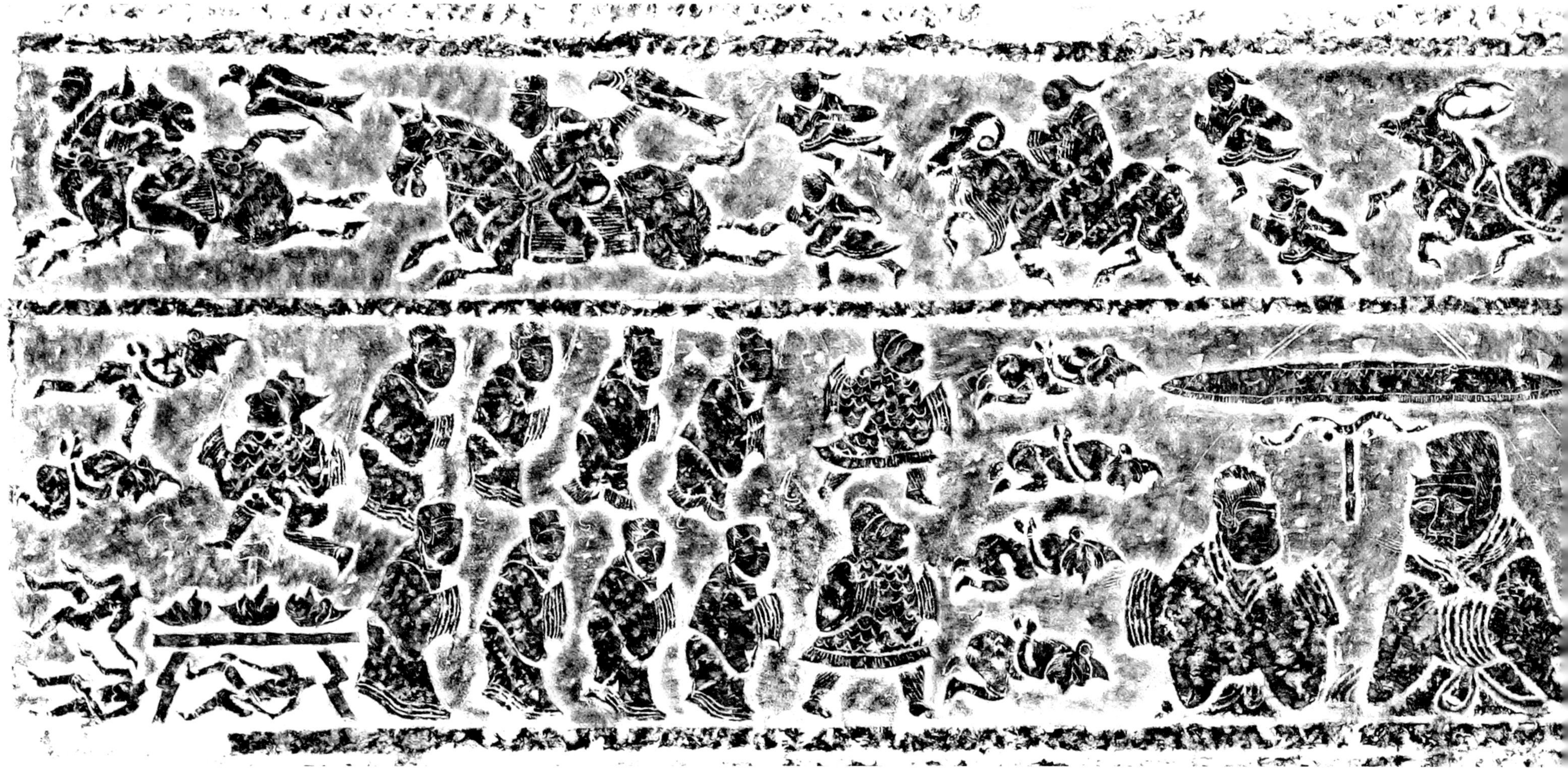

56. 墓主生活、祥瑞、车骑出行画像石

东汉

高 55、宽 104、厚 25.5 厘米

1970 年济宁喻屯城南张出土

济宁市博物馆藏

浅浮雕、阴线刻。门楣石。左端残。右、上、下有边栏。图像分两栏。上栏，祥瑞、车骑出行。二骑前导，一人骑羊，其后鹿车、羊车各二辆，相间跟随，伍伯十人，两人一组，紧跟在马、羊和车后。下栏，中间为主人端坐帐下，属官禀报战况，右侧帐外有汉兵、胡人俘虏和战争场面；左侧为乐舞场面，上列为乐队，有吹竖笛、排箫、击节者，有拢袖而坐的观者；下列为杂技，有鼓上倒立、舞轮、飞剑、跳丸者。

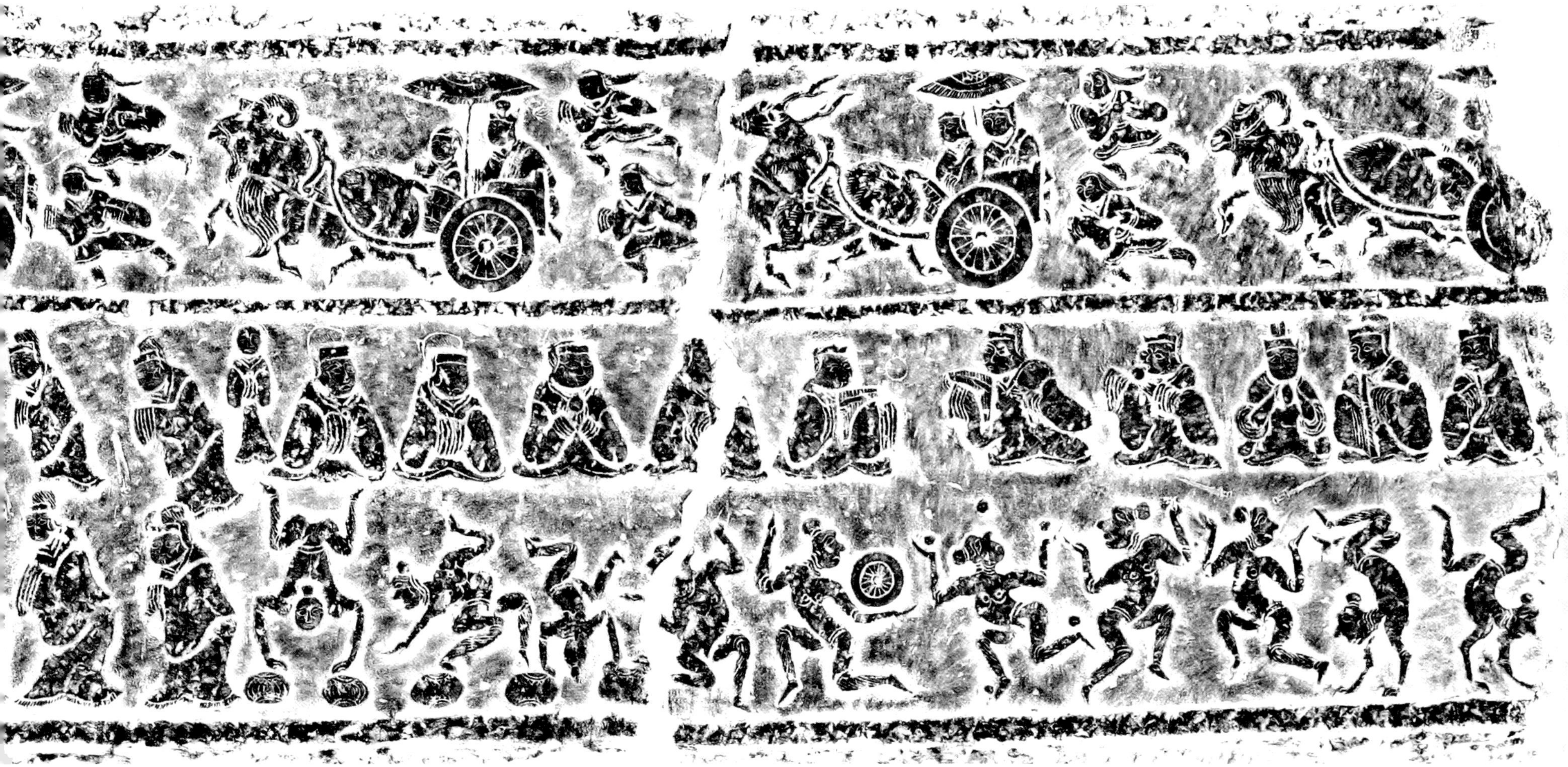

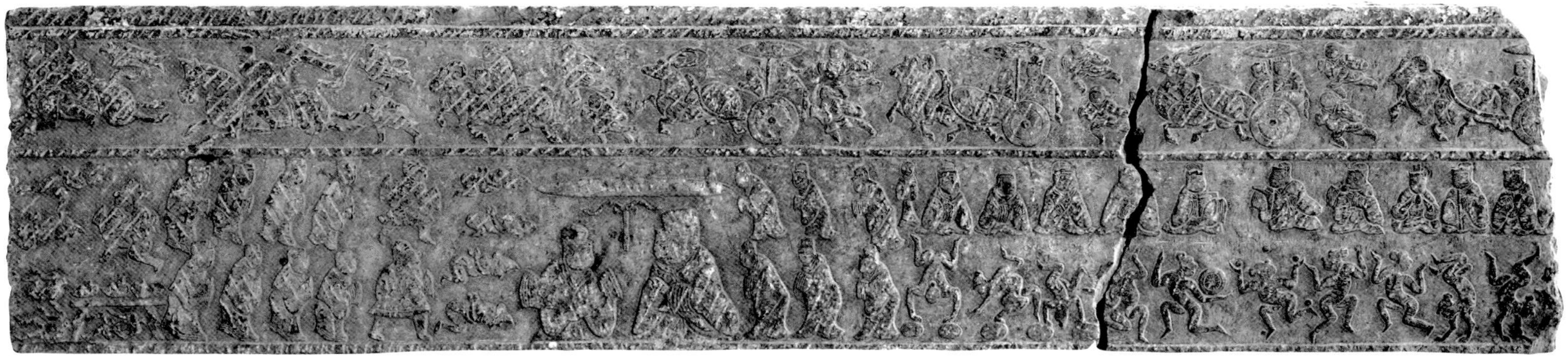

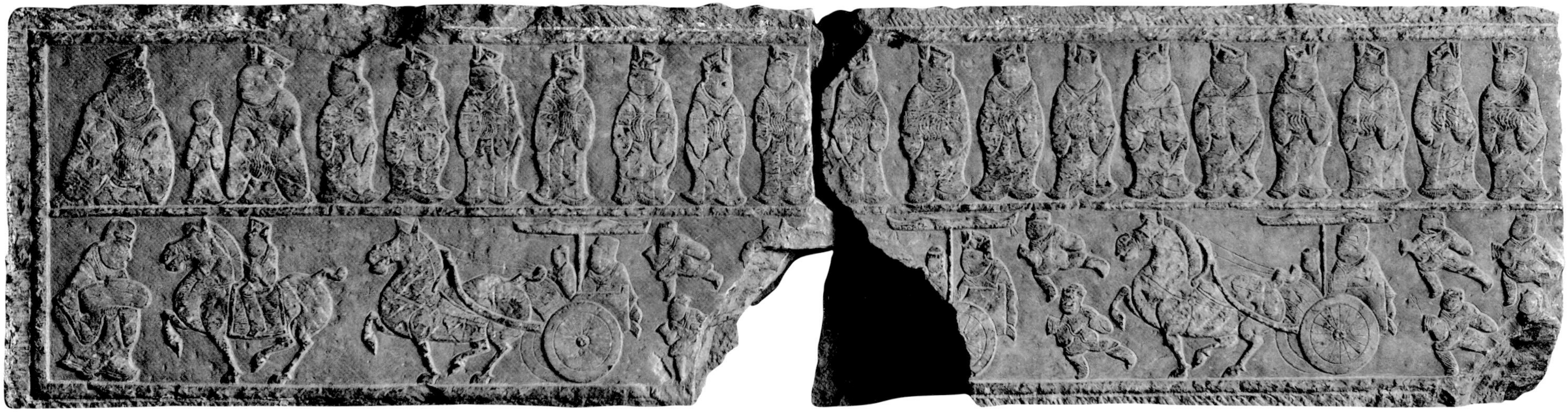

57. 孔子见老子、车马出行画像石

东汉

高 56、宽 215、厚 22.5 厘米

1970 年济宁喻屯城南张出土

济宁市博物馆藏

浅浮雕、阴线刻。门楣石。中断，有缺，左端残。三面有边栏。图像分两栏。上栏，孔子见老子画像。孔子、老子中间为项橐，孔子身后为孔门弟子，除项橐外，皆头戴进贤冠，身着肥袖大衫。下栏，车马仪仗。轺车三辆，骑吏一人，伍伯八人；前有一人捧盾迎候。

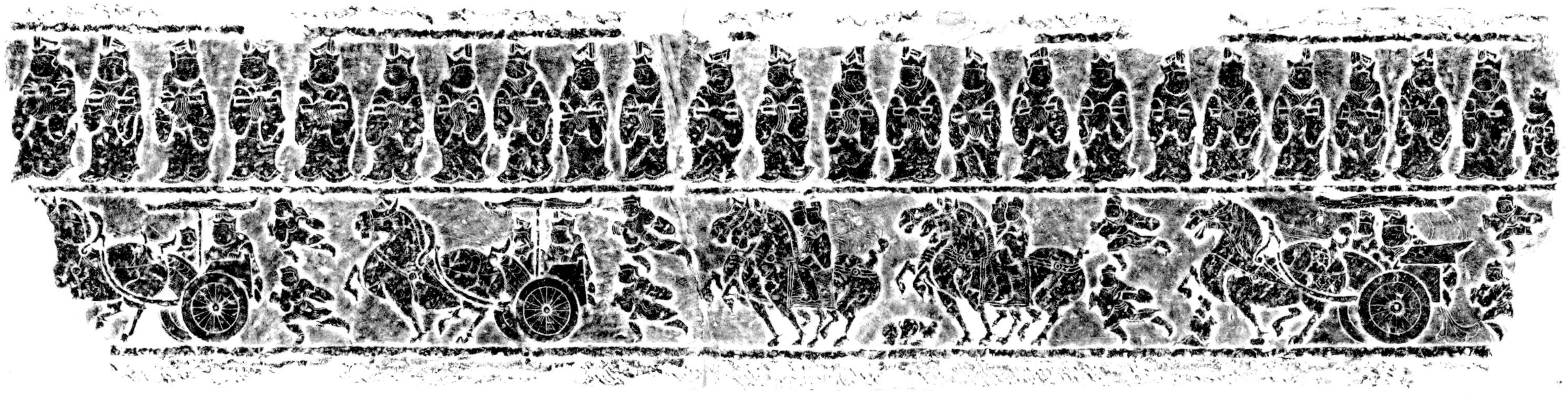

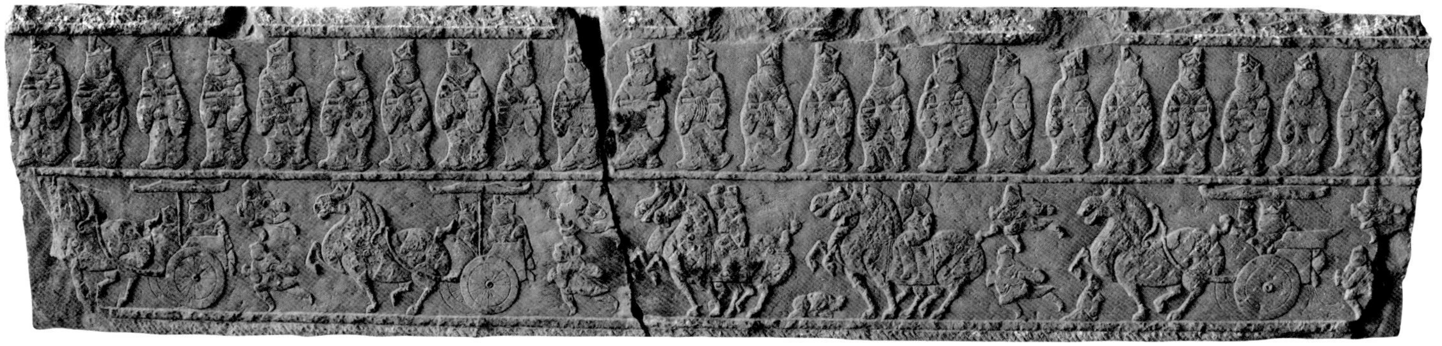

58. 儒生、车马出行画像石

东汉

高 56、宽 244、厚 27 厘米

1970 年济宁喻屯城南张墓出土

济宁市博物馆藏

浅浮雕、阴线刻。门楣石。画面四周有边栏。图像分两栏。上栏，二十三人捧简列队而立，皆头戴进贤冠，身着肥袖大衫；左端有一少年。下栏，车马出行。三轺车、八伍伯、四骑执棨戟右行，四骑间和施维轺车前各有一跪者。

四　东平博物馆

59.“居摄二年”画像石

新朝

高 135、宽 22、厚 18 厘米

东平石马汉墓出土

东平博物馆藏

凿纹地凹面线刻。立柱。上部刻铭四行 35 字：“元始二年五月中母不辛（幸），元始二年五月中父不辛（幸），居摄二年二月中治，二年四月中泽服。”文字下面线刻一人，躬立状，头戴笼冠。

60. 墓主燕居、车马出行画像石

东汉

高 80、宽 138 厘米

东平大羊后魏雪出土

东平博物馆藏

凿纹地凸面线刻。祠堂后壁石。画面左、上、右有边栏五重，栏间从内到外饰垂幛纹、菱形纹、水波纹。图像分上、下两栏。上栏为楼阁双阙。楼内一层墓主人凭几端坐，面前置杯盘，前有拜谒者，后有侍者，有榜无题；楼上女子有榜者二人，另有六侍女。楼阙顶部饰羽人和祥瑞。下栏为车马出行。右边一人执木刺恭迎，二导骑后一轺车、一辎车，轺车榜题“□尉卿”三字，坐者手执便面；间饰鸟三只。

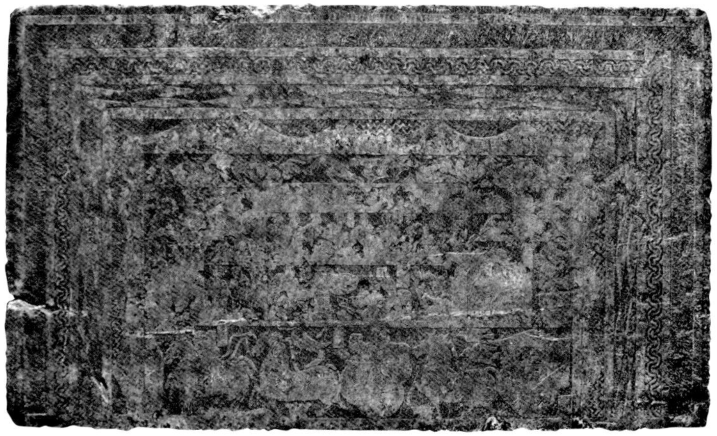

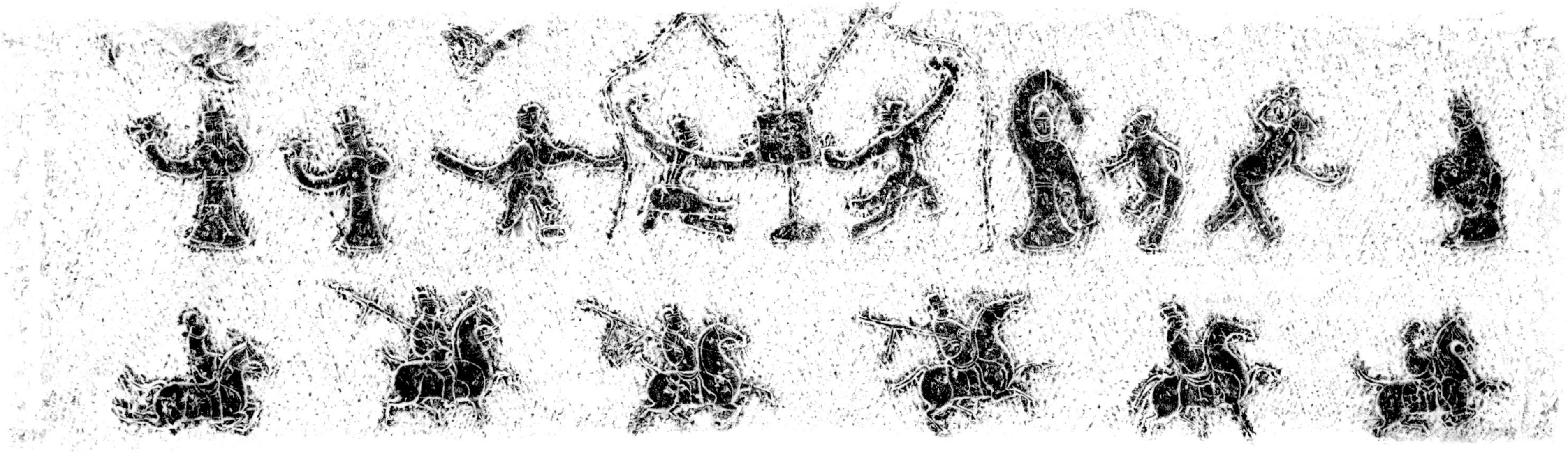

61. 乐舞百戏、出行画像石

东汉

高 50、宽 178 厘米

东平霍庄出土

东平博物馆藏

凿纹地凹面线刻。画面分两层。上层为乐舞百戏，中部竖建鼓，羽葆飘扬，左右各一人执桴击鼓，左右有长袖舞者，右侧有奏乐二人，左边二人表演，一人拄杖观看。下层马队左行。六骑一字排开向左行进，中间三骑士执长戟。

62. 祥瑞画像石

东汉

高 107、宽 83 厘米

东平霍庄出土

东平博物馆藏

凿纹地凸面线刻。石残。自上而下分别为一鸟、一虎、一猪。

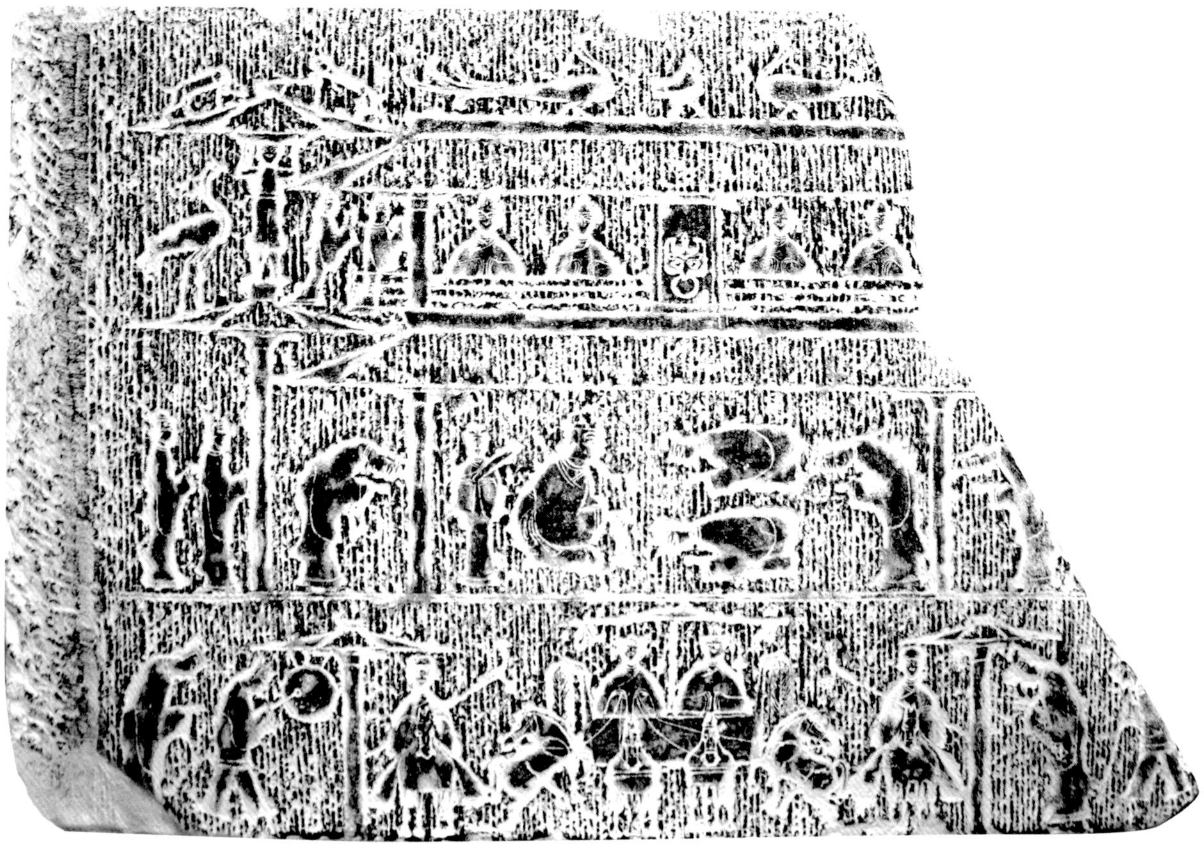

63. 墓主燕居、车马出行画像石

东汉

高 70、宽 105 厘米

东平霍庄出土

东平博物馆藏

凿纹地凹面线刻。祠堂后壁石。左端残。图像分两栏。上栏为墓主燕居，二层楼阁两侧有重檐双阙，楼内一层男主人凭几端坐，身后一侍者正面站立，手捧棒形物，面前二人跪拜，一人执木刺恭立；楼外左右各有一人执木刺恭立，阙外二人侍立；楼上大门紧闭，门左右各有二女子正面端坐，楼外有二人恭立；楼顶脊饰二凤鸟，阙顶脊饰二猿猴攀援。下栏为车马出行。双阙间驷马轺车迎面驶来，左右各有一执长戟从骑；阙外各有二人躬身相送，其中一人执桴敲锣。

五

汶上县中都博物馆

64. 建鼓乐舞画像石

东汉

高 89、宽 74 厘米

汶上县中都博物馆藏

凿纹地凹面线刻。上、下、左有边栏，间饰斜线纹。画面为乐舞图，下方为一建鼓，羽葆飘扬，二人执桴边舞边击；上方四人奏乐，其中三人吹排箫，一人拍掌击节。

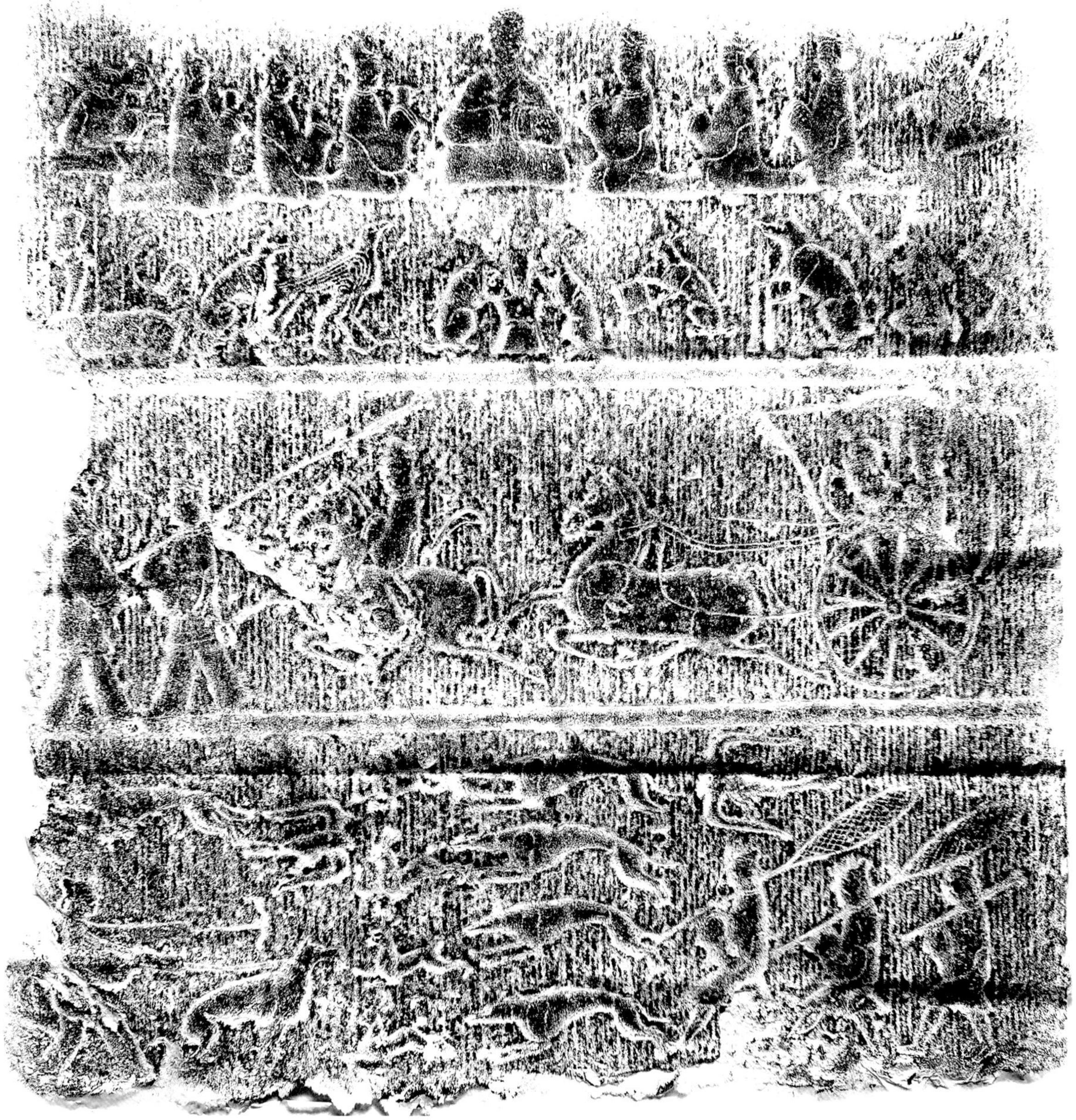

65. 西王母、车马出行、狩猎画像石

东汉

高 64、宽 64、厚 22 厘米

汶上县中都博物馆藏

凿纹地凹面线刻。祠堂西壁石。图像分三栏。第一栏，上层西王母正面端坐，左右各有四仙人侍坐；下层中间两玉兔相对捣药，左边有兔、犬、蟾蜍，右边有凤鸟、犬等。第二栏，车马出行图。两伍伯，一导骑，一轺车右行。第三栏，狩猎图。二人执毕，一人持棒、一人牵犬，前有四野兔奔跑，后有四犬追逐，另有二飞鸟。

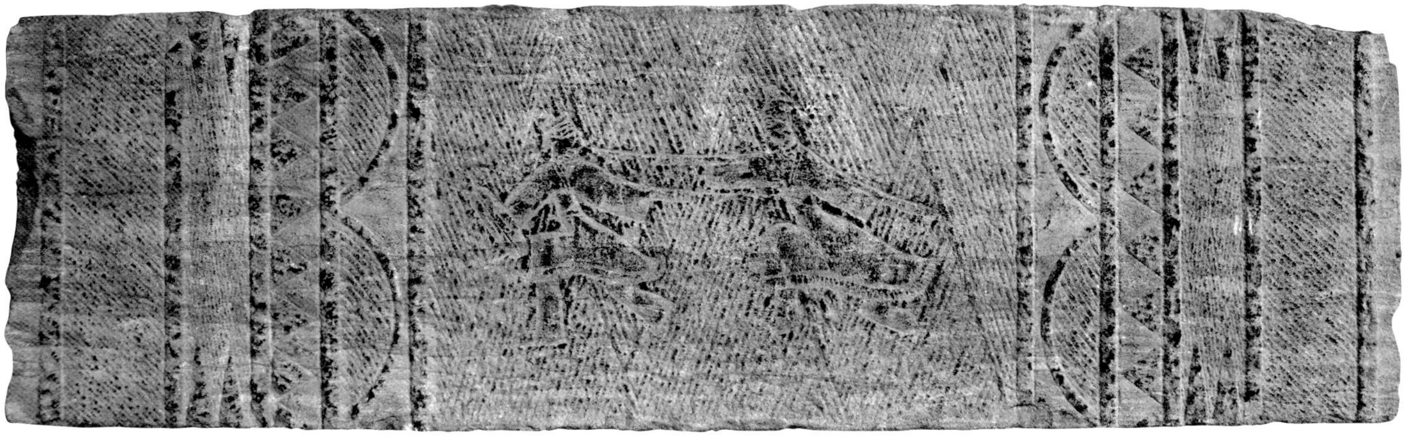

66. 武士击剑画像石

东汉

高 31、宽 72、厚 25 厘米

汶上县中都博物馆藏

凿纹地凹面线刻。左右有边栏五重，内饰菱形纹、锯齿纹和垂幛纹。画面中部是两武士击剑格斗，一人右手持盾牌，左手拿剑；另一人则手持双剑，作格斗状。

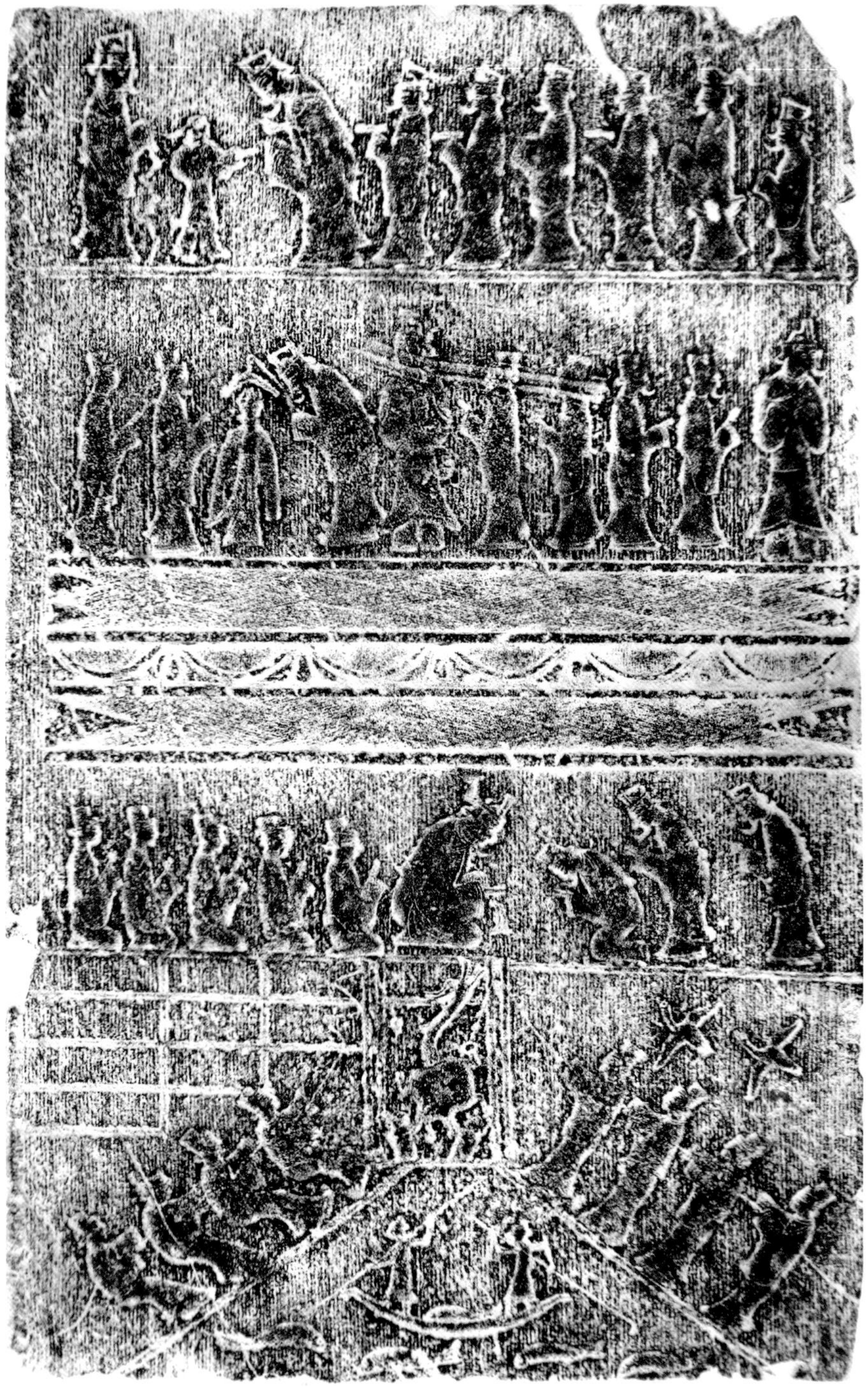

67. 历史人物故事画像石

东汉

高 124、宽 75、厚 28 厘米

汶上县中都博物馆藏

凿纹地凹面线刻。祠堂石。画像分三栏。第一栏，孔子见老子。孔子和老子躬身相对，中间项橐面向孔子，孔子身后有六弟子。第二栏，周公辅成王。成王正面站立，周公执伞盖侍立，其后有六人，其中二人正面站立，四人捧木刺侍立。成王右侧另有二人捧木刺侍立。其下饰菱形纹和垂幛纹花纹带。第三栏，泗水捞鼎。官员凭几坐，随从八人分置两侧，在楼上观看升鼎；立杆两侧各有四人拉绳升鼎，升至半空，鼎内伸出龙头咬断绳索；空中刻二飞鸟；桥下有两人撑船，河里有四条鱼游动。

68. 乐舞庖厨画像石

东汉

高 62、宽 62、厚 22 厘米

汶上县中都博物馆藏

凿纹地凹面线刻。图像分三栏。第一栏，奏乐图。一人吹排箫执鼗鼓，一人吹竽，一人吹笛，一人击节。第二栏，建鼓舞。中间竖一建鼓，兽形座，羽葆飞扬，左右各有一人执桴击鼓，左边一人倒立，一人起舞。第三栏，庖厨图。右边一人灶前烧火，上方悬挂鱼、兽腿等肉食；中间二人滤酒，左边有酒壶，一人和面。

69. 操蛇之神画像石

东汉

高 30、宽 66、厚 19 厘米

汶上县中都博物馆藏

凿纹地凹面线刻。画面为操蛇之神双手持蛇，左侧持锤的雷公弓步仰面。

70. 西王母、车马出行、狩猎画像石

东汉

高 55、宽 53、厚 22 厘米

汶上县中都博物馆藏

凿纹地凹面线刻。祠堂西壁石。图像分三栏。第一栏，西王母正面端坐，左右各有仙人侍奉。第二栏，车马出行。一轺车，一伍伯左行。第三栏，狩猎。二猎人执筚，一猎人牵犬，围猎鹿、兔。

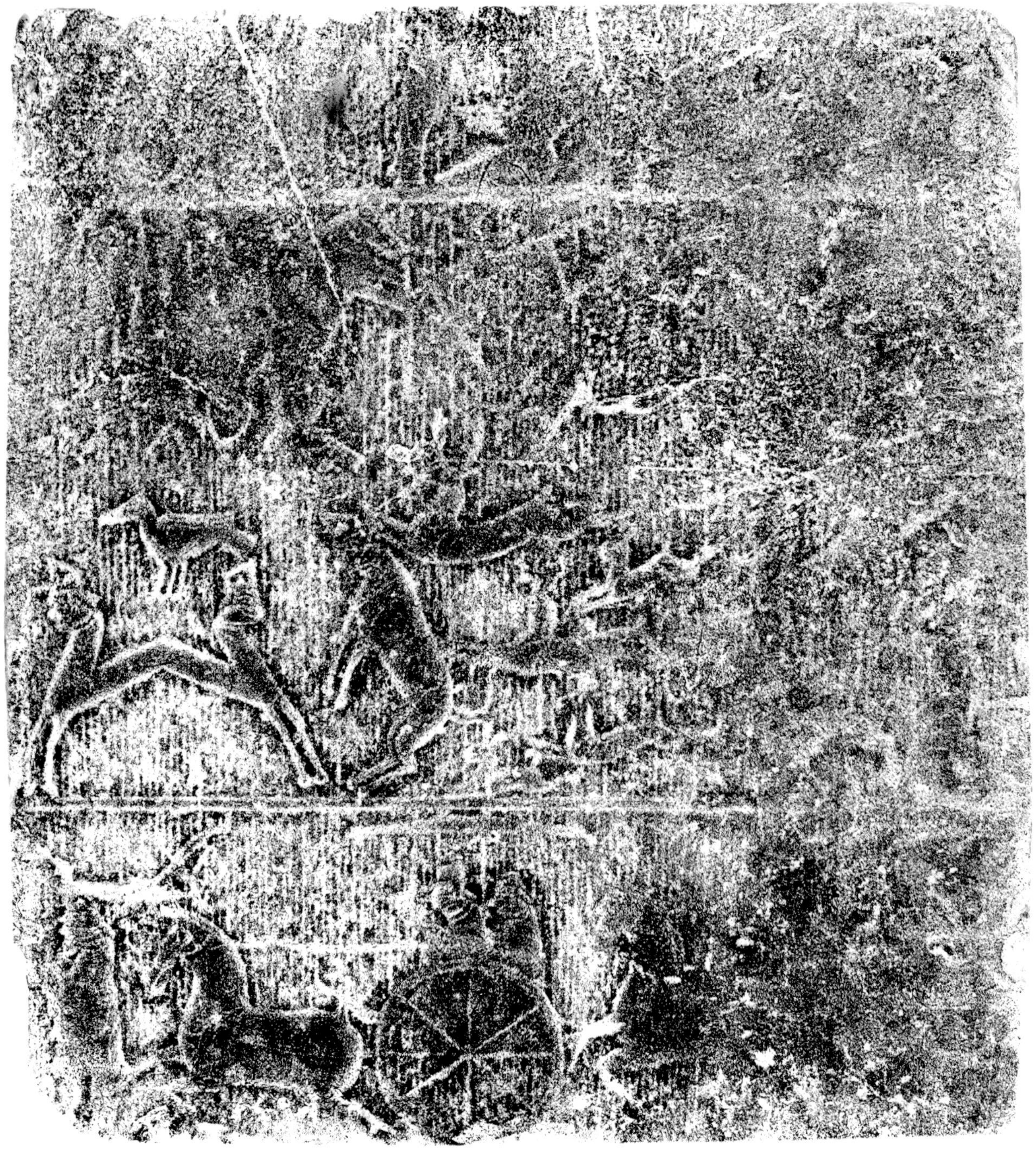

71. 祥瑞、车马出行画像石

东汉

高 62、宽 57、厚 21 厘米

汶上县中都博物馆藏

凿纹地凹面线刻。祠堂西壁石。图像分三栏。第一栏，图像漫漶。第二栏，仅可见一犬、一双人首兽身神。第三栏，一轺车向右行，后有从骑。

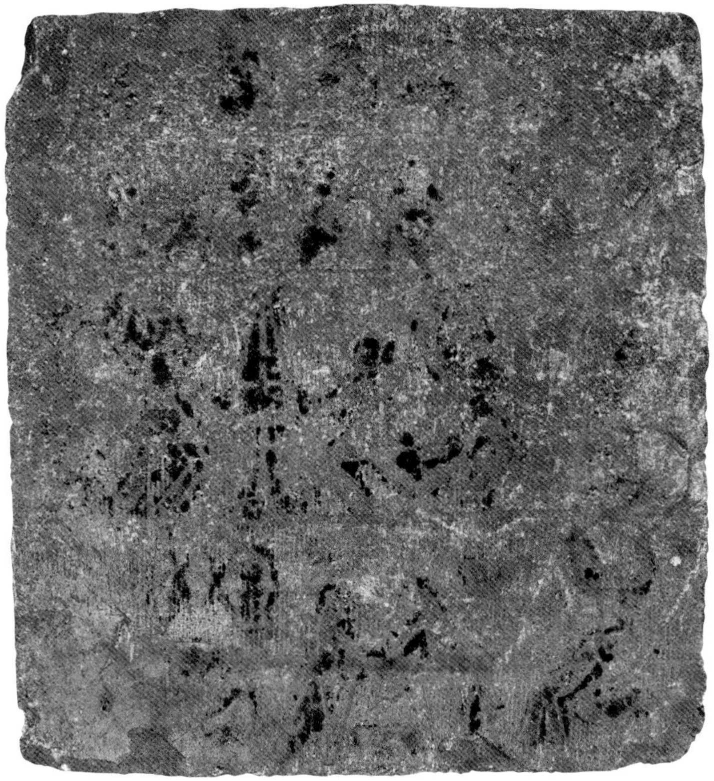

72. 东王公、乐舞庖厨画像石

东汉

高 62、宽 57、厚 21 厘米

汶上县中都博物馆藏

凿纹地凹面线刻。祠堂东壁石。图像分四栏。第一栏，东王公正面端坐，其两侧仙人侍奉。第二栏，奏乐图。第三栏，建鼓舞。中间竖一建鼓，兽形座，左右各有一人执桴击鼓。左侧一人长袖起舞。第四栏，庖厨图。右边一人烧灶，其上釜甑，上方悬挂鱼、肉；中间两人相对滤酒；左边一人杀猪。

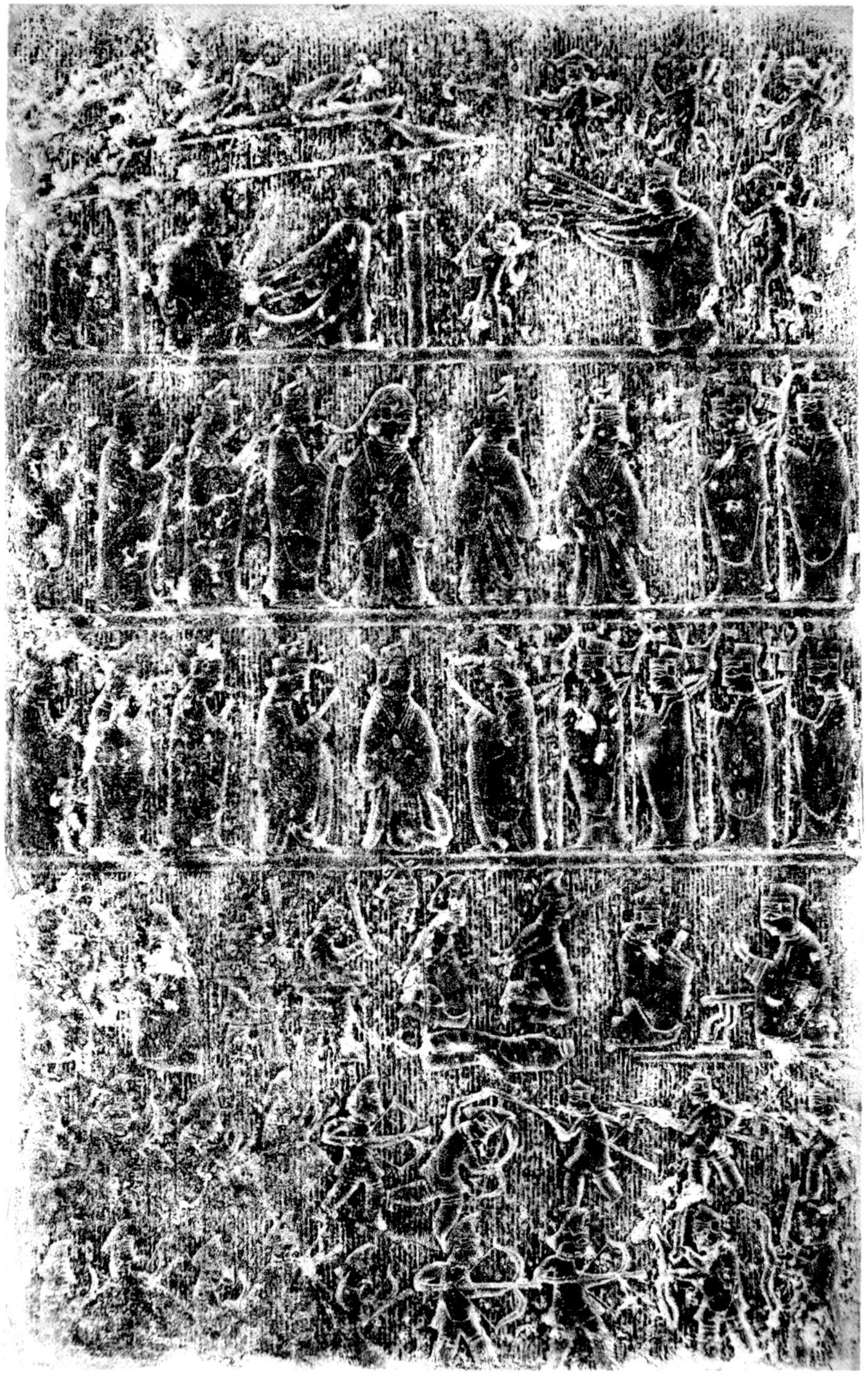

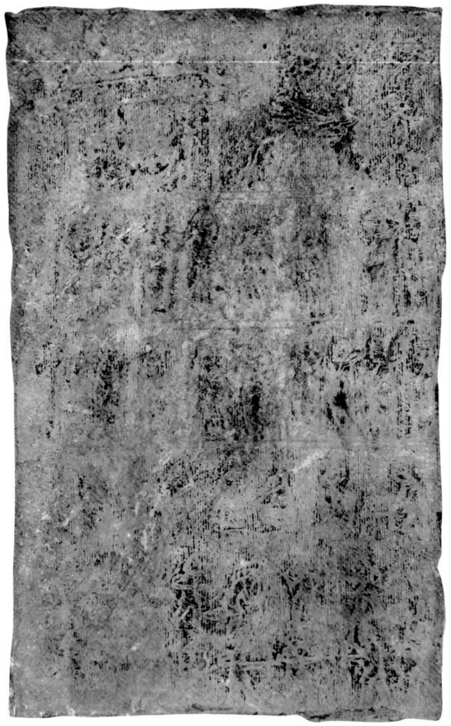

73. 风伯、周公辅成王、胡汉战争画像石

东汉

高 122、宽 76、厚 28 厘米

汶上先农坛出土

汶上县中都博物馆藏

凿纹地凹面线刻。祠堂东壁石。图像分四栏。第一栏，风伯吹屋。蹲立的风伯将屋顶吹起，屋内两人，右端有一人持斧砍房柱，风伯身旁五人，执钩、叉向房屋走来。第二栏，周公辅成王。中间披发者为成王，右侧四人执木刺，左侧为二臣和二执棨戟护卫。第三栏，周公辅成王。中间正立者为成王，右四人、左一人捧木刺侍立，左侧有四人执棨戟护卫。第四栏，胡汉战争。画面左上角汉军将领凭几端坐，前一人跪坐报告并献俘；右上角为胡兵报告将领战争情况；下部为战争场面，汉兵或执矛前刺或左手执盾挡箭、右手执刀前行，胡兵皆弯弓射箭状。

六 梁山县博物馆

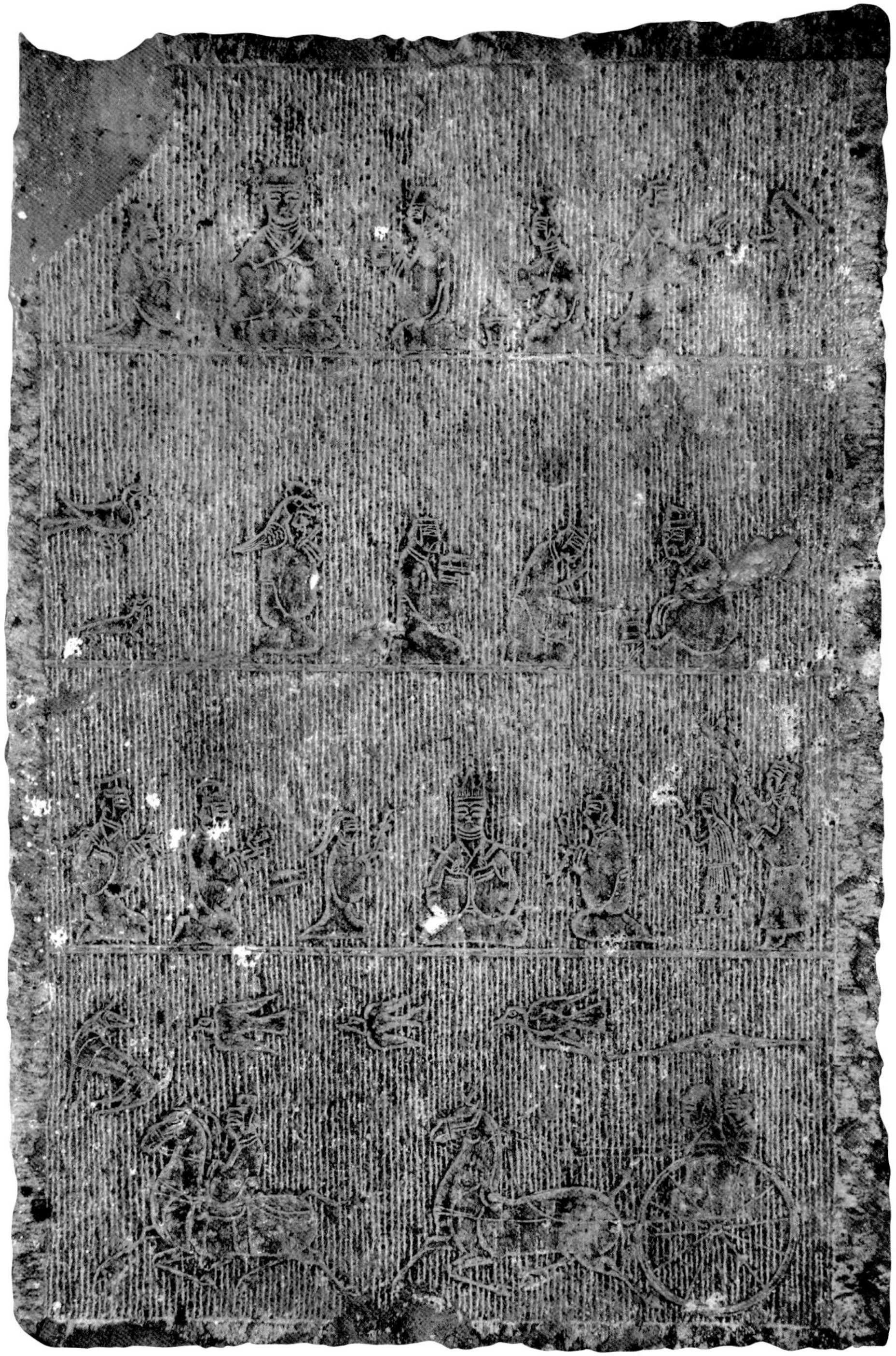

74. 西王母、东王公画像石

东汉

高 80、宽 50、厚 40 厘米

梁山县博物馆藏

凿纹地凹面线刻。祠堂西壁石。图像分四栏。第一栏，西王母头戴双胜正面端坐，其右侧一人手捧芝草，左侧四人各司其职，分别采集芝草，使用杵臼加工，制成丸药装盒，敬献西王母。第二栏，一戴冠长须的长者端坐，面前为西王母的使者手捧药盒，其后鸡首人身神、三足乌、九尾狐跟随。第三栏，东王公正面端坐，头戴三山冠，右手持规、左手持矩，左右两侧各有三仙人手捧各类珍宝进献，其中两个较为矮小者头发披散。第四栏，车马出行。轺车一辆，前一导骑，上有飞鸟三只，犬一条。

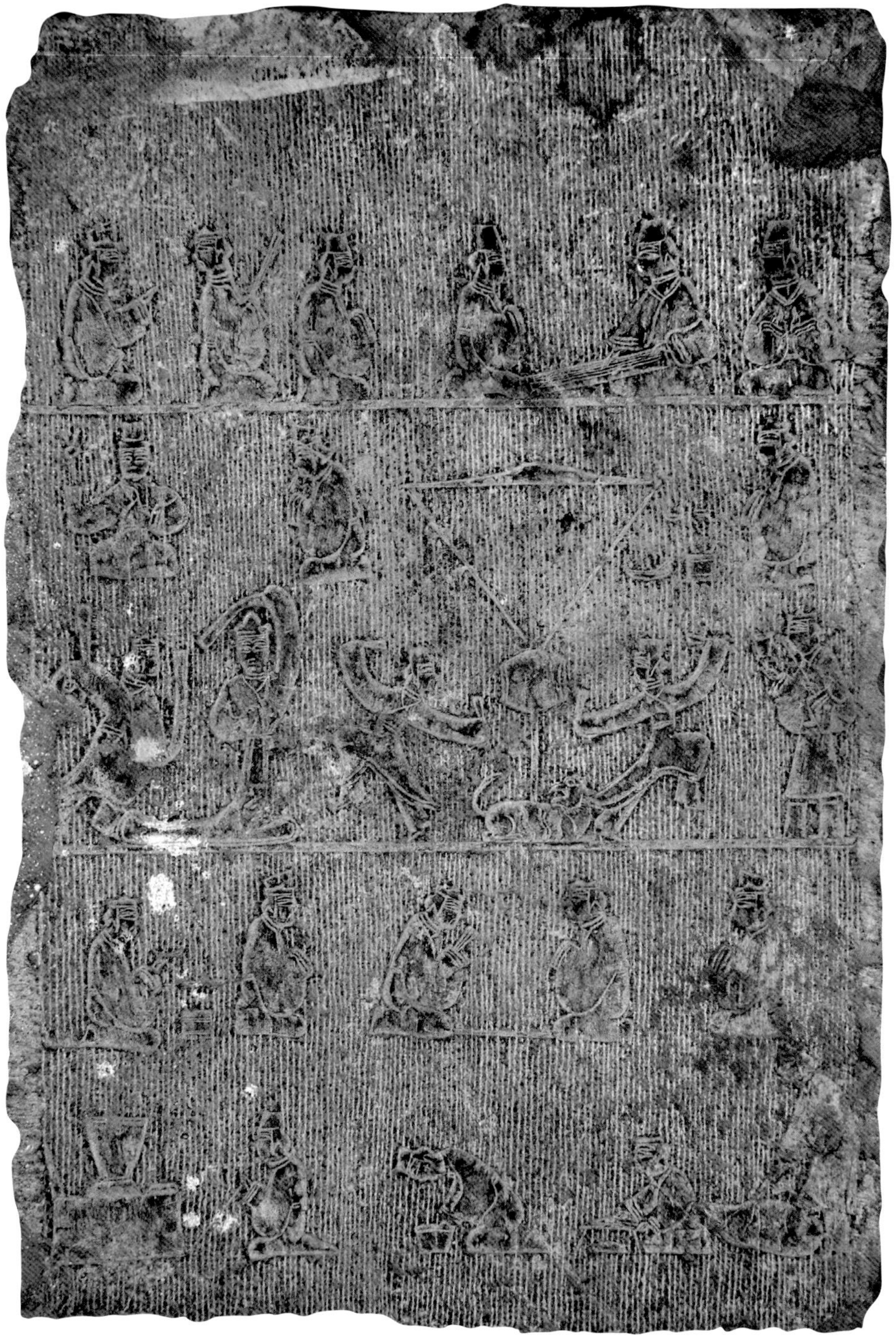

75. 乐舞、庖厨画像石

东汉

高 80、宽 53、厚 43 厘米

梁山县博物馆藏

凿纹地凹面线刻。祠堂东壁石。图像分三栏。第一栏，奏乐图。右二人中，一人吹排箫，一人吹竽，后者回首望向前者；左二人中，一人抚琴，一人以手击节；中间两人拱手跽坐。第二栏，建鼓舞蹈。虎座建鼓立中央，其两侧二人相对，边击鼓边舞；右边二人长袖起舞，其上方为两人奏乐；左边一人右手持铙，左手持槌击打伴奏，其上一人跽坐观看，前置酒樽等物，酒樽内有勺，其旁的盘内有筷子，上有两耳杯。第三栏，上部五人对坐，其中一人手持木刺，最右侧一人前置一酒樽两耳杯，手中持勺；下部自右而左，一人烧灶，一人和面，一人剖鱼，最后一人杀猪。

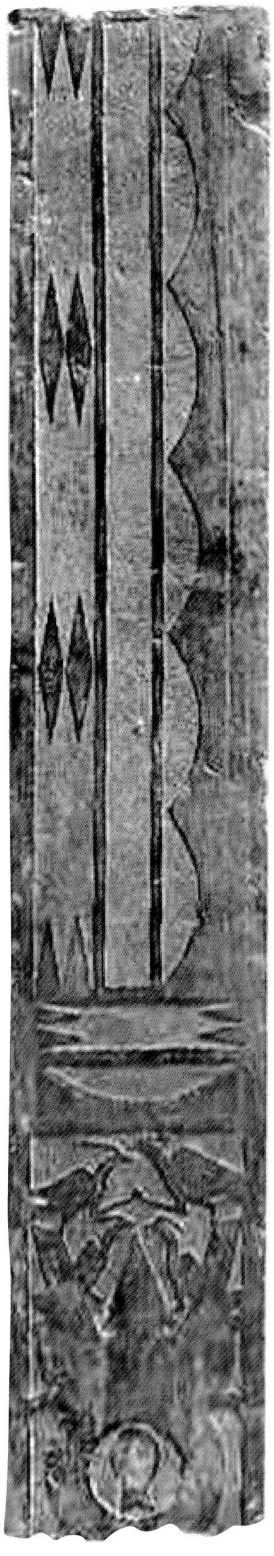

76. 翼龙、铺首衔环画像石

东汉

高 117.5、宽 20.5、厚 16.5 厘米

梁山茶庄出土

梁山县博物馆藏

凸面阴线刻。墓室立柱。一面刻一翼龙。一面上饰垂幛纹、菱形纹，下刻两对凤鸟、铺首衔环，环内双鱼。

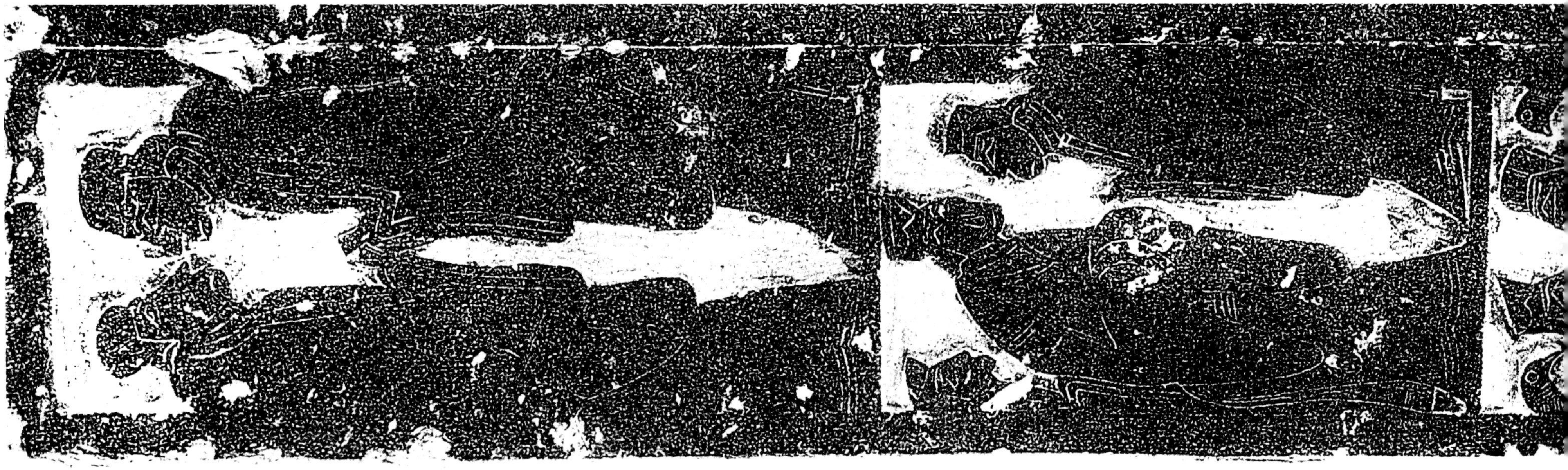

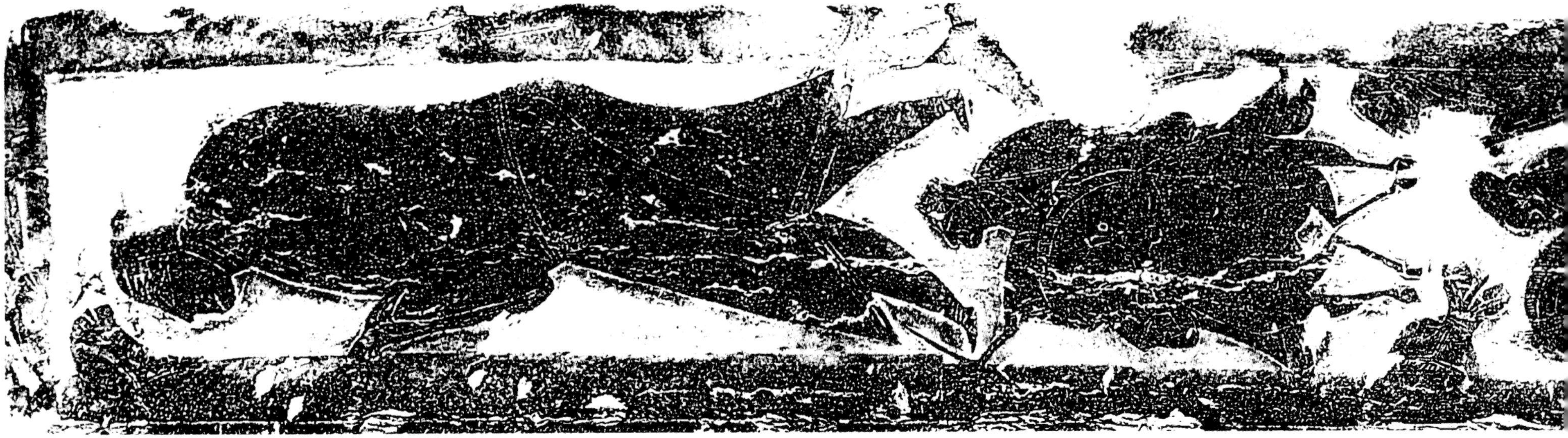

77. 门吏画像石

东汉

高 117.5、宽 16 厘米

梁山茶庄出土

梁山县博物馆藏

凸面阴线刻。画面自上而下刻一拥篲门吏、三骑、二人。

78. 门吏画像石

东汉

高 117.5、宽 16.5 厘米

梁山茶庄出土

梁山县博物馆藏

凸面阴线刻。图像分四栏。第一栏，两人相对而语。第二栏，二人相对，右侧人身后另有一人。第三栏，二人相对，身后各有一鸟头。第四栏，二人执棨戟，身后各有一鸟头。

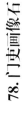

79. 祥瑞、门吏、铺首衔环画像石

东汉

高 117、宽 20.5、厚 16 厘米

1976 年梁山后集出土

梁山县博物馆藏

凸面阴线刻。墓室立柱。一面自上而下刻二人首熊、二胡人、四骑、二门吏。一面自上而下刻一凤鸟、一翼龙、二羽人、二门吏，空余处刻鱼。一面上饰双菱形纹、垂幛纹，下刻铺首衔环，环内双鱼。

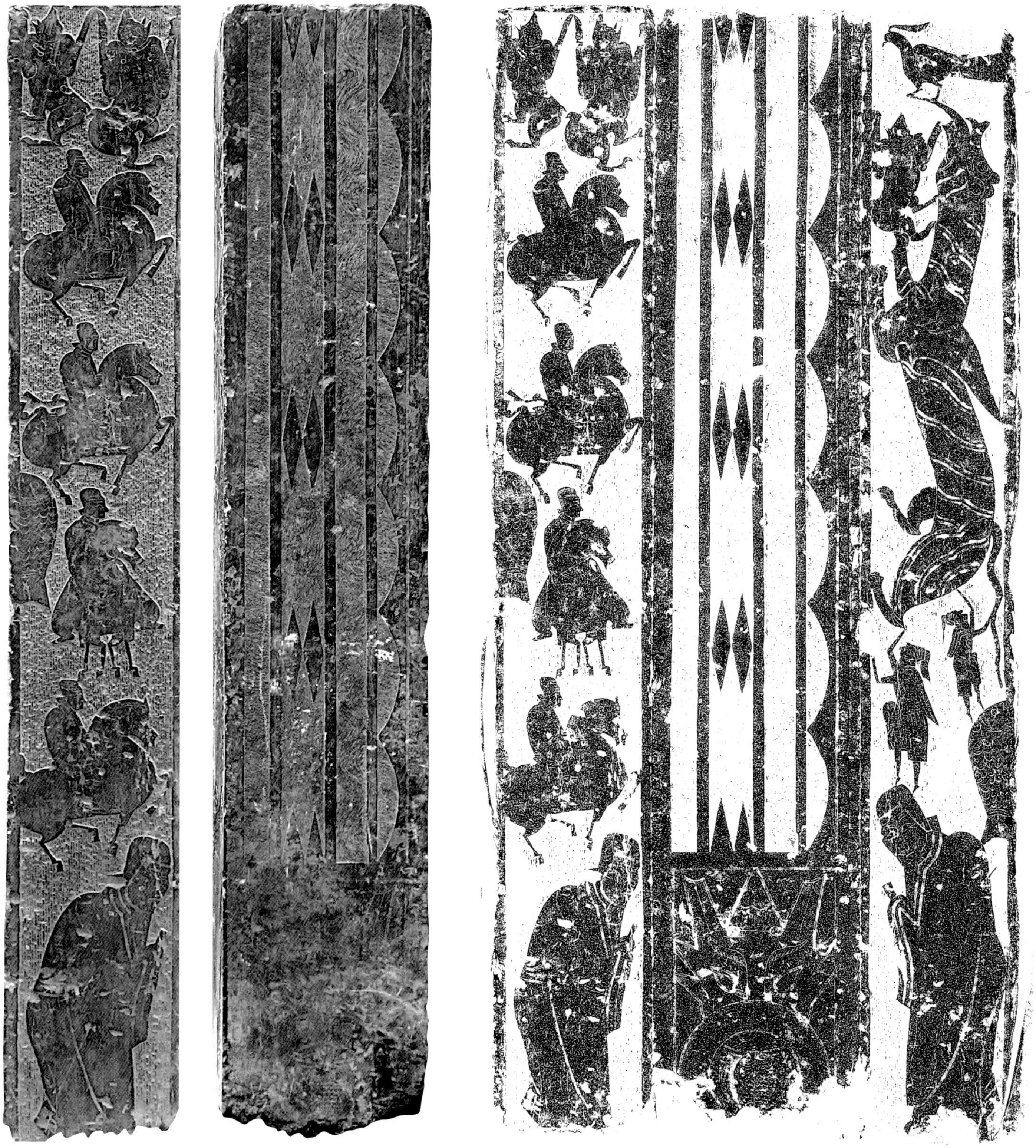

80. 祥瑞、门吏、铺首衔环画像石

东汉

高 117、宽 20、厚 16 厘米

1976 年梁山后集出土

梁山县博物馆藏

凸面阴线刻。墓室立柱。一面自上而下刻一凤鸟、一翼虎、二羽人、一鱼、一门吏。一面自上而下刻二人首熊、四骑、一鱼、一门吏。一面上饰双菱形纹、垂幛纹，下刻铺首衔环，环内双鱼。

81. 孔子见老子画像石

东汉

高 26、宽 115、厚 19 厘米

梁山后集出土

梁山县博物馆藏

凿纹地凸面线刻。墓室过梁。画面右侧有二人躬身相对，右边为老子，手中拄杖，左边为孔子，手捧大雁，中间小儿为项橐，一手推独轮车，一手指向孔子；老子身后立四人，孔子身后六人为孔门弟子。

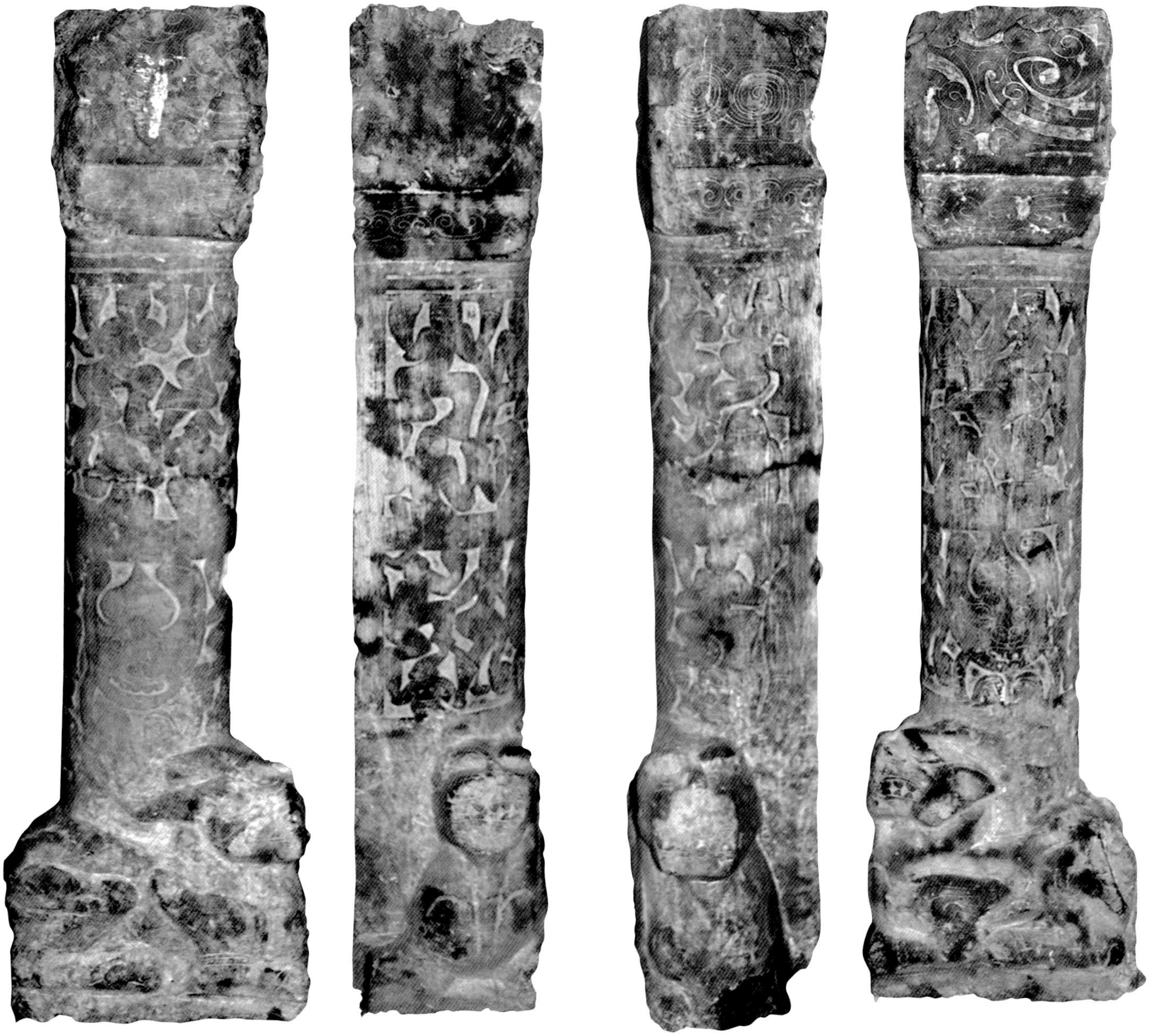

82. 乐舞画像石柱

东汉
高 98、宽 28、厚 20 厘米
梁山郑垓出土
梁山县博物馆藏

凸面阴线刻。墓室立柱。柱头饰圆涡纹、卷云纹。柱身饰乐舞图。柱础为虎形。

83. 周公辅成王画像石

东汉

高 40、宽 270、厚 26 厘米

梁山县博物馆藏

凿纹地凹面线刻。上有边栏三重，内饰菱形纹与垂幛纹。图像为周公辅成王故事。左侧一端较高大者应为周公，手持伞盖；正面立者为成王，后有随从，或左或右拱手而立，少数正面立，有一正面立双手抱剑者。

84. 宴饮、庖厨画像石

东汉

高 42、宽 235 厘米

1956 年梁山百墓山出土

梁山县博物馆藏

凸面线刻。图像分三栏。左栏是燕居。楼内三人对坐宴饮，楼外二侍者，楼顶饰凤鸟、猿猴。中栏是庖厨和桔槔汲水。右栏自上而下刻水波纹、菱形穿钱纹、垂幛纹和鱼纹。

七 巨野县博物馆

85. 车马出行画像石

东汉

高 45、宽 115 厘米

1999 年单县程庄出土

巨野县博物馆藏

凿纹地凸面线刻。左端残。四周有边栏，上三重，下二重，内刻水波纹、垂幛纹。仅余两轺车，一从骑，前面一人捧盾迎接。

86. 祥瑞画像石

东汉

高 50、宽 240 厘米

巨野欧山出土

巨野县博物馆藏

凿纹地凸面线刻。四周有边栏，内饰垂幛纹，从右到左刻一龙、一獬豸、二天禄。

87. 吉祥画像石

东汉

高 53、宽 145 厘米

巨野齐山出土

巨野县博物馆藏

凸面线刻。门楣石。上方有边栏三重，内刻斜线纹、竖线纹和菱形纹。图像分三栏。中栏为一卷角羊首，羊角下方是两条相对的鲤鱼。左、右两栏均为鲤鱼，鱼头朝向中央。

88. 吉祥画像石

东汉

高 57、宽 199 厘米

巨野齐山出土

巨野县博物馆藏

凸面线刻。门楣石。上方有边栏三重，内刻水波纹和垂幛纹。图像分三栏。中栏为一卷角羊首，羊首四周饰六条鲤鱼，上、下各有两条，左、右各有一条。左、右两栏均为鲤鱼，鱼头朝向中央。

89. 铺首衔环画像石

东汉
高 95、宽 59 厘米
1986 年巨野侯庄出土
巨野县博物馆藏

凿纹地凸面线刻。墓门石。画面中刻一铺首衔环，上部残存虎的一部分。

90. 铺首画像石

东汉
高 59、宽 39 厘米
2001 年巨野大谢集出土
巨野县博物馆藏

凿纹地凸面线刻。墓门石。画面中刻一朱雀，下刻铺首衔环。

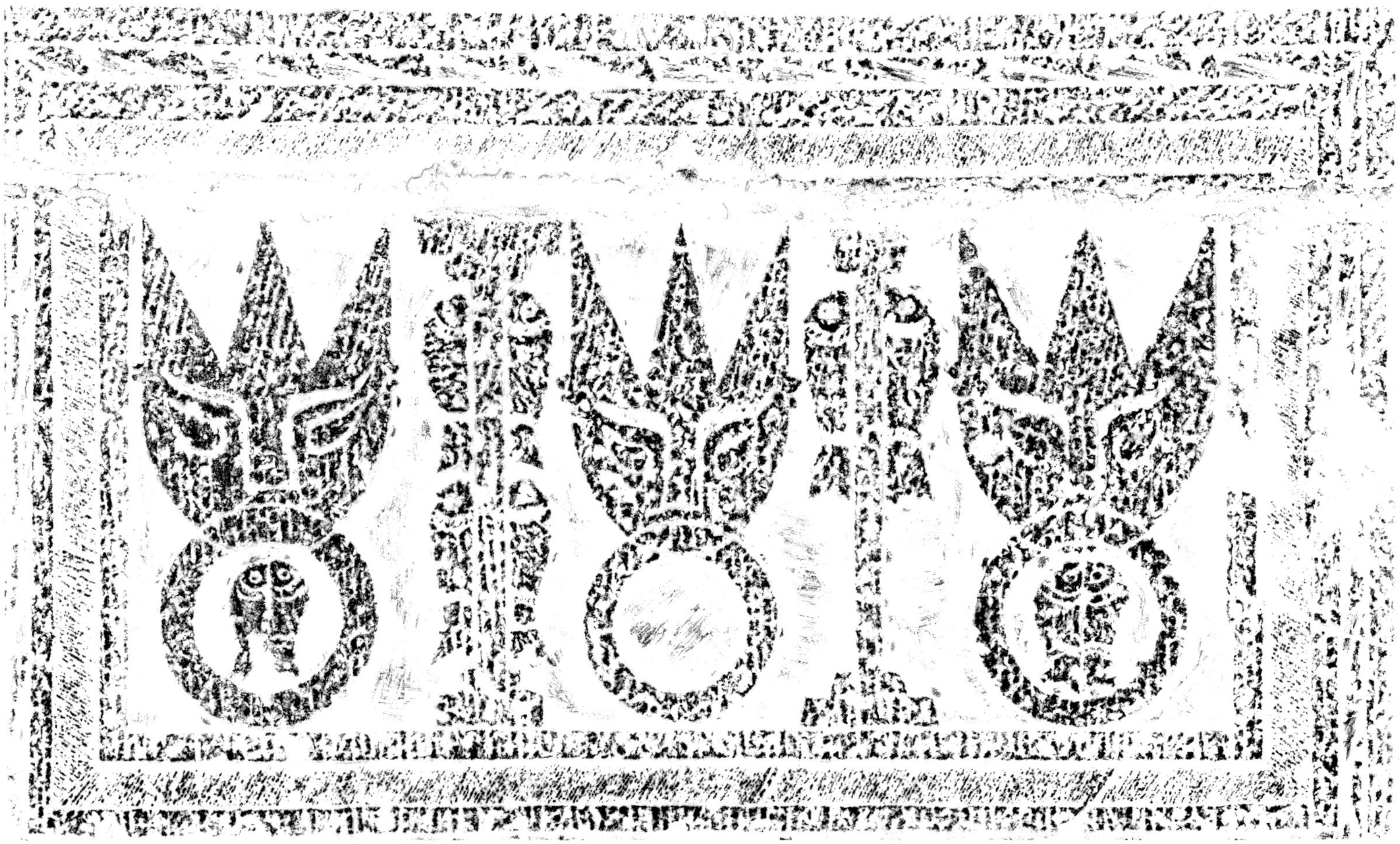

91. 铺首衔环画像石

东汉
高 103.5、宽 164 厘米
2005 年巨野前贺庄出土
巨野县博物馆藏

凸面线刻。四周有边栏，内刻斜线纹。画面为三组铺首衔环，左、右两环内有双鱼，其间的分隔立柱上悬挂双鱼。

92. 石虎画像石座

东汉

高 36、宽 30.4 厘米

巨野侯庄出土

巨野县博物馆藏

高浮雕。墓室石柱础。一端雕刻为虎首样子。

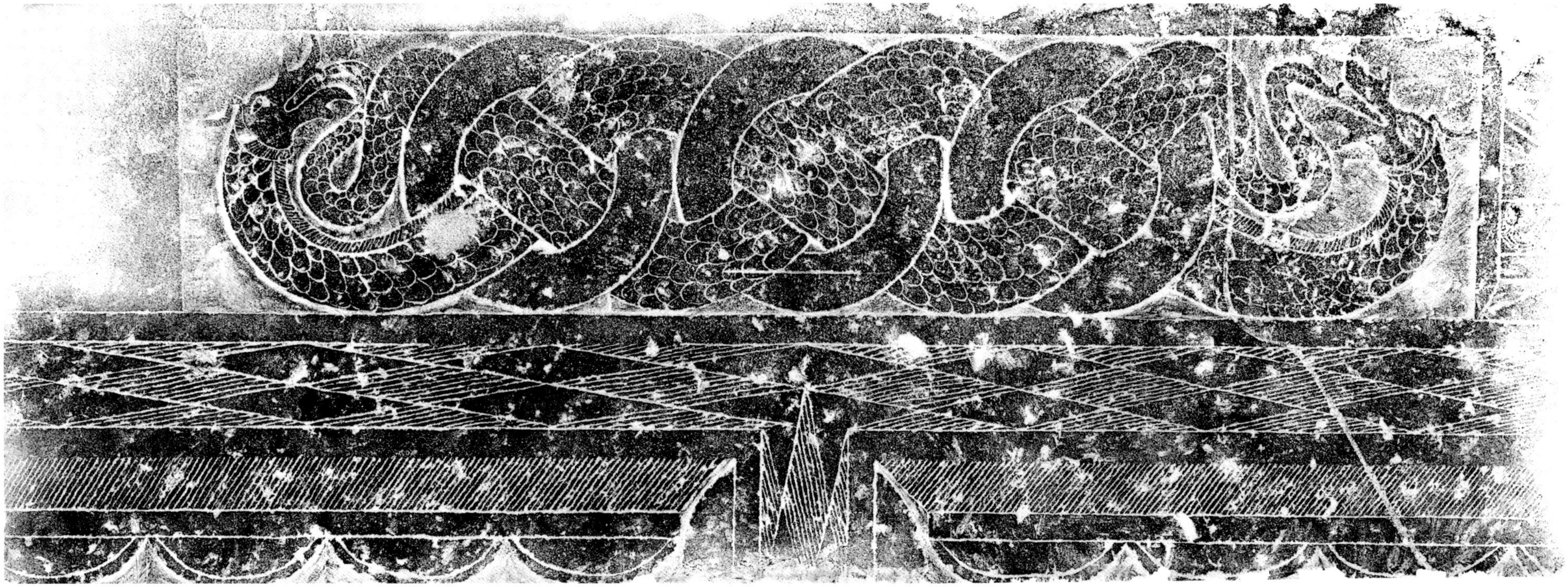

93. 交龙穿璧画像石

东汉
高 58.5、宽 154 厘米
2005 年巨野前贺庄出土
巨野县博物馆藏

凸面线刻。下有边栏，内刻垂幛纹、斜线纹和菱形纹。画面为两龙首尾交缠穿璧。

后 记

为了更好地传承优秀传统文化，弘扬中华民族的文化自豪感和自信心，山东博物馆于2023年启动《汉画全集——山东卷》的编辑工作。

《汉画全集——山东卷（济宁）》为本书四卷本的第一卷，编写期间，承蒙山东省文化和旅游厅、山东省文物局和山东博物馆各级领导的大力支持，成立了以于秋伟、管东华、阮浩、刘晨祥、王灿、王玙等同志为主的编写组，相关文物收藏单位和文博同仁共同参与完成。其中，于秋伟负责省内馆际协调、文物挑选、文字编辑等工作，主编济宁市博物馆篇、东平博物馆篇；管东华负责文字撰写、出版协调等工作，主编山东博物馆篇、嘉祥县武氏祠博物馆篇；王灿负责汶上县中都博物馆篇、梁山县博物馆篇；王玙负责巨野县博物馆篇；阮浩、刘晨祥负责文物拍摄工作。编写组在资料搜集、整理过程中，得到山东各地文物收藏单位的大力协助，在此深表感谢！

最后，衷心感谢文物出版社责编为本书出版付出的辛劳！

本书编写组

2024年秋于济南